Eğlenceli

TARİH YAZMAK BİZİM İŞİMİZ
İlk Türk Devletleri

Metin Özdamarlar

Öğrenmenin pek çok yolu var ama

Eğlenceli Bilgi Dünyası gibisi yok!

Eğlenceli Bilgi

İSTANBUL 2021

TARİH YAZMAK BİZİM İŞİMİZ
İlk Türk Devletleri

Metin Özdamarlar

Yayın Yönetmeni	Savaş Özdemir
Yayın Koordinatörü	Tülay Öncü
Editör	Hüseyin Keleş
Kapak Resmi	Fatih Okta
Kapak Tasarım	Esra Burak
İç Tasarım	Tamer Turp

4. Baskı	Ekim 2021
Uluslararası Seri No	(ISBN) 978-605-08-3378-2

TİMAŞ YAYINLARI

Adres	Cağaloğlu, Alemdar Mah. Alayköşkü Cad. No:5 Fatih/İstanbul
Telefon	(0212) 511 24 24
E-posta	bilgi@eglencelibilgi.com

Baskı ve Cilt	MY Matbaacılık
Sertifika No	47939
Adres	Maltepe Mah. Yılanlı Ayazma Sk. No: 8/F Zeytinburnu / istanbul
Tel	(0212) 674 85 28

EĞLENCELİ BİLGİ YAYINLARI / 4913
EĞLENCELİ BİLGİ DÜNYASI / TARİH / 78
RAF: Bilim Kitapları (Çocuk)
KÜLTÜR BAKANLIĞI YAYINCILIK SERTİFİKA NO: 45587

TARİH YAZMAK BİZİM İŞİMİZ
İlk Türk Devletleri

Metin Özdamarlar

Resimleyen: Fatih Okta

Metin Özdamarlar

Kayseri'nin Develi ilçesinde doğdu. Çocukluğundan beri hayali öğretmen olmaktı. Hayalinin peşinden gitti. Anadolu Üniversitesi Eğitim Fakültesi Sosyal Bilgiler Öğretmeliği bölümünden mezun oldu. Şimdi Sosyal Bilgiler Öğretmeni olarak görev yapıyor.

On beş yaşından beri yazının ve yazmanın içinde... Yazmayı, okumayı, gezmeyi çok seviyor.

Eğlenceli Bilgi serisini renklendirecek yeni kitaplar yazmaya devam eden yazarın, Asel ve Eslem isminde iki kızı, Ahmet Arhan isminde bir oğlu bulunuyor.

E-posta

metinozdamarlar@hotmail.com

Resmî Instagram Sayfası

@mozdamarlar

Fatih Okta

1965 yılında İstanbul'da doğan Fatih Okta ilk çizimlerine ortaokulda başladı. Haydarpaşa Lisesi'nde de devam etti.
Mezun olduktan sonra çeşitli gazetelerde editörlük, grafikerlik ve çizerlik yaptı. Yurt içi ve yurt dışında yüzü aşkın yayınevine çevirmenlik ve çizerlik yaptı.
Evli ve Barış adında bir oğlu olan Fatih Okta, şu an çalışmalarını Timaş Yayınevi için harıl harıl sürdürmektedir.

Oğlum Ahmet Arhan'a...

İÇİNDEKİLER

GİRİŞ

Türkler tarih sahnesine Orta Asya'da çıkmışlar, ilk devletlerini kurdukları bu uçsuz bucaksız coğrafyadan dünyaya yayılmışlar ve çok sayıda devlet kurarak tarihe unutulmaz bir damga vurmuşlardır. Teşkilatçılık özellikleriyle, kılık kıyafetleriyle, ordularıyla, beslenme biçimleriyle, kültürleriyle çoğu devleti etkilemişlerdir. Atı evcilleştirmişler, Orta Asya'nın -50 dereceye düşen soğuklarına boyun eğmemişler, "daima ileriye" gitmişler, dağlar aşmışlar, nehirler geçmişler, demiri işlemişler, taşa tarihlerini kazımışlar, uygarlığa adlarını vermişler, çağ açıp çağ kapatmışlar ve birçok millete boyun eğdirmişlerdir. Öyle ki onlardan biri olan Çinliler Türk akınlarını durdurmak için dünyanın en büyük savunma duvarı olan Çin Seddi'ni örmüşlerdir!

Eğlenceli Tarih serisinin bu yepyeni kitabında, Orta Asya'nın uçsuz bucaksız bozkırlarına, dağlarına, vadilerine, çöllerine davet ediyoruz sizi. Ve atalarımıza saygı duruşunda bulanacağımız bu eserin her aşamasında bize eşlik etmenizi istiyoruz.

Bu eserimizde...

Şaşıracaksınız...

- Çadırın altına tekerlek yerleştirip evlerini kendileri ile birlikte taşıyanları görünce,
- Dünyanın en büyük savunma duvarı Çin Seddi'nin insanı hayrete düşüren özelliklerine bakınca,
- Futbolun binlerce yıl önce *"tepük"* ismiyle Orta Asya'da oynandığını öğrenince,

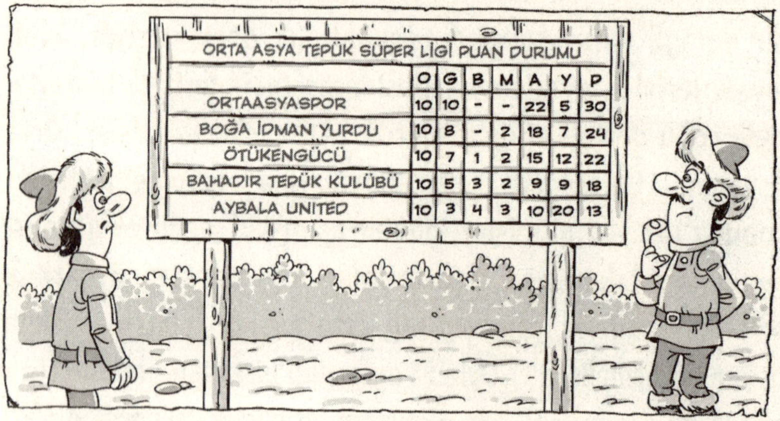

- At üzerinde 180 derece dönüp ok atan bozkırın efsane savaşçılarını okuyunca,
- Çinlilerin filmleri aratmayan hilelerini duyunca,
- Türklerin *"enerji içeceği"* kımızı bilince...

Tanışacaksınız...

- Orta Asya bozkırlarında fırtına gibi esen Mete Han'la,

- 39 kişi ile koca Çin Sarayını basıp hükümdarı rehin almaya çalışan Kürşad ve bir avuç kahramanla,
- Türk tarihinin en büyük fatihlerinden biri olan Kapgan Kağan'la,
- Ülkesine 46 yıl sadakatle hizmet eden, hiçbir savaşı kaybetmeyen efsane devlet adamı Tonyukuk'la,
- Bağımsızlık ateşini yakan, Türk bayrağını mavi gök altında, yağız yer üstünde gururla dalgalandıran Kutluk Kağan ile,

- 7 yaşından beri ülkesine hizmet eden, cesareti ve kahramanlığı ile önünde düşmanlarının bile saygı ile eğildiği Kültigin'le,
- Başarılarıyla tahtını otağına değil Türk milletinin kalbine kurmuş olan Bilge Kağan'la...

Öğreneceksiniz...

- Türklerin inanılmaz savaş taktiklerini,
- Türk tarihinin ilk yazılı belgelerini,
- Çağ açıp çağ kapatan gelişmeleri,
- *"Türk'ün kanadı"* olarak nitelenen atın tüm özelliklerini...

O zaman, tarihimizde eğlenceli, keyifli, heyecanlı, farklı ve öğretici bir yolculuğa hazır mısınız? Peşinen söyleyelim öğreneceğiniz hiçbir bilgiden sınavda sorumlu değilsiniz. Başlıyoruz...

TÜRKLERİN İLK YURDU: ORTA ASYA

Hepimizin ezbere bildiği bilgilerden biridir. Türklerin ilk yurdu Orta Asya'dır. Türk tarihinin beşiği, Türk medeniyetinin kaynağı olan Orta Asya'ya *"Türklerin yaşadığı yer"* anlamında **Türkistan** adı verilmiştir. Coğrafi sınırları doğuda Kingan Dağları'ndan, batıda Hazar Denizi ve İtil boylarına, güneyde Hindukuş ve Karanlık Dağlarından kuzeyde Sibirya'ya kadar uzanır. Bu geniş alanda Türklerin ilk ana yurtları; Altay-Sayan Dağları'nın kuzeybatısı, Tanrı Dağları'nın kuzeyi, Aral Gölü'nün çevresi ve Hazar Denizi'nin doğusu arasında kalan bölgedir. Haritamıza bakarak bu bölge hakkında fikir sahibi olabilirsiniz. Tarihçiler her ne kadar belli bir sınır çizmeye çalışsalar da Türklerin kesin yaşadığı yer için belli bir sınır belirlemek zordur. Çünkü çok geniş bir alana yayılmışlardır.

Türklerin tarih sahnesine çıkışları ve faaliyetlerini daha iyi anlamak için öncelikle Orta Asya'nın coğrafi şartlarını ve iklimini iyi bilmek gerekir. Bozkırların ve çöllerin geniş yer kapladığı bu bölgede Altay ve Ötüken dağları, Amuderya

(Ceyhun), Siriderya (Seyhun), Orhun, Selenga ve İrtiş ırmakları bulunmaktadır. Türk dili ve tarihi araştırmacılarından Jean Paul Roux, Orta Asya'yı çok güzel tanımlar: ***"Ülke acımasızdı, koşullar çetindi ve ancak doğanın yasalarına uyanlar sağ kalabilirdi. Çünkü, bu bölge yükseltisi 1200 ila 1400 metre arasında değişen bir yayladır. Ormanlarla kaplı yüksekliklerin eteklerinde çayırlar vardır. Büyük çöküntüler ve yüksekliklerden oluşan bu arazide Altay Dağları'nın yüksekliği 4600 metreden fazladır. Orta Asya çok az yağış almaktadır. Kış mevsiminde sıcaklık -50 dereceye kadar düşer, o zaman da akarsular ve göller donar. Yaz mevsiminde de hava çok sıcak olabilir."*** İşte bu şartlar Türklerin sosyal, askeri, siyasi ve kültürel yaşamını şekillendirmiştir. Peki ama nasıl? Şöyle;

- Orta Asya'nın geniş bozkırlarla kaplı olması tarım yapılacak arazinin çok az olması Türkleri hayvancılığa yöneltmiştir. Buna bağlı olarak da göçebe bir yaşam tarzı benimsemişlerdir. Bahar ve yaz aylarında **"yaylak"** adı verilen suyu ve otlağı bol, sulak ve serin yerlere gitmişler; kış aylarını ise **"kışlak"** adı verilen soğuktan ve rüzgârdan korunaklı, az kar tutan, alçak düzlüklerde, ahşap veya kerpiç evlerde geçirmişlerdir. **Türklerin büyük hayvan sürülerini idare etmesi, otlakları tespit etmesi, yaylak-kışlak arasındaki göçün organize edilmesi, göçlerin planlı, kurallı, sistemli şekilde yürütülmesi vb. özellikler işbirliği / dayanışma duygularını geliştirmiş, teşkilatçılığa bağlı olarak da devlet kurma yetenekleri gelişmiştir.**

- Orta Asya'nın sert iklimi Türklerin karakterini şekillendirmiş; **dayanıklı, kuvvetli, savaşçı bir yapıya sahip olmuşlardır.**
- Orta Asya'nın coğrafi yapısı atı evcilleştirmelerini ve ondan faydalanmalarını sağlamıştır. **Bu zorlu koşullarda Türklerin en büyük yardımcısı at olmuş, at sayesinde birçok yere hâkim olan Türkler rahatlıkla göç etmişler, hareket kabiliyeti yüksek ordular kurmuşlar ve uzak coğrafyalara hâkim olmuşlardır.**

Boylar

Orta Asya'da Türkler, "boy" adı verilen aralarında akrabalık bağı olan topluluklar hâlinde yaşıyordu. Her boyun başında "bey" adı verilen boyun işlerinden sorumlu bir lider yer alıyordu.

Beklenmedik gelişmeler

Orta Asya'da ilk başta işler yolunda gidiyordu. Türkler yaylak / kışlak arasında gidip geliyor, hayvancılık faaliyetleri yürütüyordu. Sonra hiç beklenmedik gelişmeler yaşandı.

Biliyor muydunuz?

Türkler hakkında ilk bilgilerin Çin kaynaklarından öğrenildiğini, Çin kaynaklarında Türklere ait rastlanan en eski kaydın M.Ö. 318'de yapılan bir antlaşmada bulunduğunu, Türklerden bahseden en önemli kaynağın ise Eski T'hang Tarihi olduğunu biliyor muydunuz?

ORTA ASYA'DAN GÖÇLER

Orta Asya'da beklenmedik gelişmeler oldu demiştik; durun, hemen heyecanlanmayın! Uzaylılar falan gelmedi. Peki, neydi bu gelişmeler? Bakalım;

İklimin değişmesi	• Kuraklığın başlaması • Salgın hastalıklar nedeniyle hayvanların büyük kısmının ölmesi • Otlakların daralması
Nüfusun artması	• Aşırı artan nüfusun beslenmesinin zorlaşması
Siyasi ve sosyal durum	• Boylar arasında otlaklar vb. nedenlerle mücadele yaşanması • Çin'in baskısı • Yeni yurt bulma düşüncesi • Türklerin birbirine bağlılığının bir sonucu olarak göç eden boyları diğerlerinin de izlemesi
İstiklal (Bağımsızlık) duygusu	• Bağımsızlıkları tehlikeye düşen Türk boylarının başka bir milletin esareti altına girmektense göç etmeyi tercih etmesi

İşte bu nedenlere bağlı olarak yaşam şartları çok zorlaştı. Tek bir seçenek vardı. Türkler de onu yaptı. Göç ettiler... Uzun bir zaman içerisinde pek çok Türk boyu Orta Asya'dan ayrıldı. Göçlerin çok önemli sonuçları oldu.

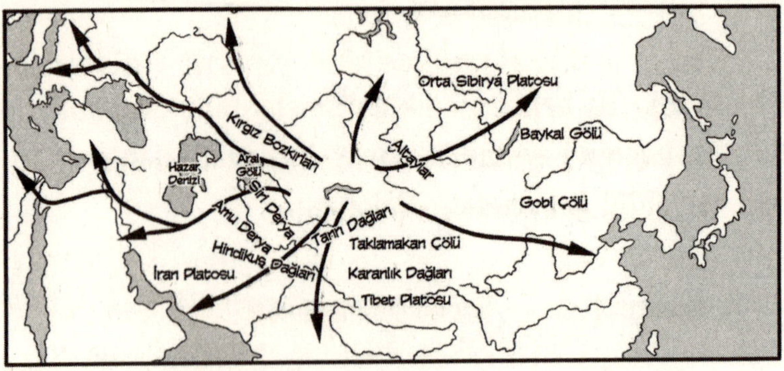

Orta Asya'dan Yapılan Göçler Haritası

> ***Biliyor muydunuz?***
> *Türklerin at ve öküzler tarafından çekilen tekerlekli araçları hatta çadırları kullandıklarını, bu şekilde kolayca göç edebildiklerini biliyor muydunuz?*

Göçlerin sonuçları

- **Türkler gittikleri yerlerde farklı isimlerle yeni devletler kurmuşlardır.**
- **Türkler göç ettikleri yerlerde devlet yönetimi, askeri vb. konularda örnek olmuşlardır.**
- **Türkler ulaştıkları yerlerdeki kültürleri etkiledikleri gibi kendileri de farklı kültürlerden etkilenmişlerdir.**

> ***Biliyor muydunuz?***
> *Bulgarlar ve Macarların da Avrupa'ya göç eden Türk boyu olduğunu, Hristiyanlık dinini benimsemeleri nedeniyle zaman içerisinde benliklerini kaybettiğini, hatta Macaristan'ın resmi adının "Hungary" olarak geçtiğini ve ilk üç harfinde "Hun" kelimesinin yer aldığını biliyor muydunuz?*

BİLİNEN İLK TÜRK DEVLETİ: ASYA HUN

Türk tarihinin sıfır noktasından başlayalım. Bilinen ilk Türk devletinin hikâyesine uzanalım. Hatırlarsanız Orta Asya'da şartlar değişmiş ve Türklerin büyük kısmı göç etmişti. Göç etmeyip her şeye rağmen kalanlar vardı. İşte o kalanlar tarih yazmaya hazırdı. İşte onlar bilinen ilk Türk devletini kurdular: **Asya Hun Devleti...** Osmanlı Devleti'nden sonra Türk tarihinin en uzun süren ikinci devleti olan Asya Hunlarının tarihine giriş yapmaya hazır mısınız?

Bilinen ilk hükümdar: Teoman (M.Ö. 220-209)

Asya Hun Devleti'nin bilinen ilk hükümdarları Teoman'dır... Teoman'ın Mete adında bir oğlu vardı. İkinci eşinden bir erkek evladı daha oldu. Töreye göre taht Mete'nin hakkıydı. Ama Teoman'ın ikinci eşi, kendisinden olan oğlunun tahta çıkmasını istediği için eşini ikna etti. Teoman, boyların ve devletin ileri gelenlerinin tepkisini çekmemek için bir plan yaptı. Yapılan bir antlaşmanın teminatı olarak

Mete'yi Yüeçilere rehin olarak yolladı. Hemen ardından da Yüeçiler üzerine sefer düzenledi. Amacı Yüeçilerin Mete'yi öldürmesini sağlamaktı. "Bir baba oğluna bunu nasıl yapar?" diye düşünebilirsiniz. Tarihsel süreçte bu son derece doğal bir durumdu. Peki ne oldu? İyi bir eğitim almış, oldukça zeki biri olan, orduda sevilen ve devlet adamları tarafından parmakla gösterilen Mete bu planı haber aldı. Babasının ordusu Yüeçi sınırlarında göründüğünde kaynaklarda övgüyle bahsedilen beyaz atının hızı ve çevikliği sayesinde kaçtı. Babası bu olayın üzerini kapatmak için hemen Mete'yi ödüllendirdi; komutanlık etmesi ve emrinde savaşması için ona 10.000 asker verdi. Bununla birlikte Mete babasına pek güvenemeyeceğini çoktan anlamıştı. Yapılacak tek şey vardı: *Babasını tahttan indirip yerine geçmek!* Planını hayata geçirmek için çalışmalara başladı. Gerisini Çin yıllıklarından izleyelim mi? Buyurun:

Mete, hedefe giderken, ıslık çıkaran bir ok yaptı. Atlı okçu birliğinin eğitimi esnasında kendisi bu oku nereye atarsa, askerlerin de hep birlikte o hedefi vurmalarını emretti. Emrine uymayanları idam ettireceğini söyledi. Bir gün Mete, okunu çok sevdiği atlarından birine yöneltti. Kendisiyle birlikte emrindekilerin de oklarını yöneltip ata fırlatmalarını emretti. Mete böylece emrindeki askerlerin kendisine tam bir itaatle bağlanmalarını istemişti. Mete uzun ve zorlu bir eğitim sü-

recinden sonra askerlerine güvenebileceğini anlamıştı. Mete bir süre sonra güvendiği askerleriyle babası Teoman'a karşı taht mücadelesine girişti. Mücadeleyi kazanarak Hunların başına geçti.

Mete Han Dönemi (MÖ 209-174)

Mete Han ülkenin başına geçtikten sonra *"sonsuz genişlik, yücelik, ululuk"* ifade eden imparator anlamına gelen ***şanyü*** unvanını almıştır. Gözü pekliği, cesareti, teşkilatçılığı ve kahramanlığıyla kısa sürede ülkesinde düzeni sağlamış ve "bu kadarı yetmez" diyerek ülkesinin sınırlarını genişletmek için faaliyetlere başlamıştır. Önce Hunlardaki karışıklığı fırsata çevirmek isteyen Tunguzlar üzerine yürümüş ve onları perişan etmiştir. Sonrasında rehin gönderildiği Yüeçilerin ısrarlı toprak talepleri karşısında şu unutulmaz cevabı vermiştir: "***Benden eyerimi isteyin vereyim, atımı isteyin vereyim, çadırımı isteyin vereyim. Fakat hiç kimse vatanımdan bir karış toprak istemesin; vermem, veremem!***" Sözle de kalmamış ordusuyla onlara aman vermemiştir. Böylece Orta Asya'da yaşayan tüm Türk boylarını tek bayrak altında toplamıştır. Mete Han, Çin İmparatoruna yazdığı bir mektupta bu durumu şöyle belirtmiştir;

"Batıda Yüeçileri ve 26 kavmi daha yendim. Yay çekebilen bütün kavimler tek bir aile gibi birleştiler."

Biliyor muydunuz?
*Mete'nin isminin kaynaklarda **"Mao-dun"** olarak geçtiğini bunun Türkçe karşılığının "Bahadır" olduğunu biliyor muydunuz?*

İnşaat faaliyetleri

Türklerin son gaz devam eden seferlerine Çin, inşaat faaliyetlerini hızlandırarak karşılık vermiştir. Daha önceden farklı dönemlerde inşa edilen gözetleme kuleleri, kaleler aralarında duvar örülerek birleştirilmiş ve böylece ortaya dünyanın en büyük savunma hattı ortaya çıkmıştır: **Çin Seddi!**

Biliyor muydunuz?
"Hun" kelimesinin eski Türkçe'de "insan" ve "halk" anlamına geldiğini biliyor muydunuz?

Çin Seddi

Çin Seddi'nin binlerce kilometre uzunluğa ulaşması Türk akınlarının ne kadar geniş bir sahadan yapıldığını gösterir. Peki, bu devasa yapı Türk akınlarını durdurmakta başarılı olmuş mudur? Hayır, olamamıştır. Akınlar her koldan devam etmiştir. Çin Seddi'nin bizi çok şaşırtacak özellikleri var sırada:

Çin Seddi'nin İnanılmaz Özellikleri

- Sedde, Çin'de *"On Bin Li Uzunluğundaki Duvar"* adı verilmiştir. "Li" bir Çin uzunluk ölçü birimiydi.
- Seddin inşasına M.Ö. 374 yılında başlanmış ve yapımı farklı dönemlerde yeni eklemeler yapılarak M.Ö. 270 yılına kadar sürmüştür.
- Seddin uzunluğu yıkılan kısımlarıyla birlikte 21.196 kilometredir. Bugün ziyarete açık olan kısmı ise 2.500 kilometredir. Set boyunca 43 bin 721 tarihi kalıntı vardır. Orijinal duvarın sadece % 8,2'si günümüze ulaşmıştır.
- Temeldeki genişliği 6,5 metre olan duvarın üst kısımdaki genişliği ise 5,7 metredir. Duvarın yerden yüksekliği genelde 8,5 metre olup önemli geçitlerin ve büyük kapıların bulunduğu yerlerde 12 metreye ulaşmaktadır. Dağların zirvelerinde ise bu yüksekliğin 1,5-2 metreye kadar düştüğü de olmaktadır. Burçların yüksekliği 1-1,7 metre dolayındadır.
- Seddin üzerinden atlar ve arabalar gidebilmektedir. Elbette motorsuz olanlar!
- Set boyunca siperliklere, okçu deliklerine, her 200 metrede bir gözetleme kulesine ve her 9 kilometrede bir fener kulesine yer verilmiştir. Türkler 7 gün 24

saat her an gelebilecekleri için güçlü bir aydınlatma gerek değil mi?

- Yapımında 1.000.000'dan fazla işçi çalıştırılmış ve işçilerin kaçmasını önlemek için 300.000 asker görevlendirilmiştir.

> ***Biliyor muydunuz?***
> *Türklerin, Çin Seddi'ne "Bukurka" adını verdiğini biliyor muydunuz?*

Ezeli rakip

Mete diğer devletleri hizaya getirdikten sonra, soluk almadan asıl rakibi Çin üzerine yönelmiş; atak üzerine atak yapmıştır. Üç yıl süren savaşlarda (M.Ö. 201-199) Çin İmparatorunun 320.000 kişilik ordusunu önce yıldırma, yıpratma aşamalarıyla perişan etmiş finali ise "Kurt Kapanı" taktiği ile yapmıştır: Çin ordusunu pusuya çekerek kare şeklinde kuşatmıştır. Hatta tamamını imha etme şansı varken, yedi gün süren kuşatmanın sonunda açlıktan kırılan Çin ordusu için bir koridor açarak utanç içinde çekilmelerine izin vermiştir. Çin'in barış istemesi üzerine tarihçiler tarafından **"Doğu Asya tarihinde ilk barış antlaşması"** olarak nitelendirilen bir antlaşma yapılmıştır. Antlaşma gereğince Çin, kuzeyindeki toprakları, yiyecek-içecek, ipek ve vergi vermeyi kabul etmiştir. Oldukça zeki bir lider olan Mete, Çin'i defalarca yenilgiye uğratmasına rağmen Çin'e yerleşmeyi düşünmemiştir. **Sayısı oldukça fazla olan Çinliler arasında zamanla Türklük özelliklerini, milli benliklerini kaybetmekten çekinmiştir.** Zengin bir ticaret hayatının yaşandığı İpek Yolu için de Çin ile amansız bir rekabet içine giren Mete, ticaret antlaşmaları ile ülkenin hazinesini ağzına kadar doldurmuştur. Mete, 25 yıl süren icraatları sonunda M.Ö. 174'te öldüğünde geride; sınırları 18 milyon kilometrekareye ulaşmış, hem askeri olarak hem Asya kıtasının yarısını elinde tutacak kadar çok güçlü bir devlet ve tarihe silinmez bir şan bırakmıştır. **Türklere milli kimliklerini hissettiren, bir millet olduklarını öğreten odur. Türk milleti ona çok şey borçludur.**

UYARI:
Yukarıdaki tarihlerde bir terslik arayan kıymetli okuyucularımız lütfen kitabınızın ayarlarıyla oynamayınız. Milattan Önceki tarihler tersinedir.

Ki-ok Dönemi (MÖ 174-160)

Mete'nin ölümünden sonra yerine Ki-ok geçti. Babasının parlak başarılarını devam ettirmek isteyen Ki-ok askeri ve siyasi faaliyetlerde bulunmuştur. Çin ile etkileşim devam etmiş, bir yandan savaşlar yapılmış bir yandan da ticari antlaşmalara imza atılmıştır. Politika değişikliğine giden Ki-ok Çinli bir prensesle evlenerek Çin'le akrabalık bağı kurmayı hedeflemiştir. Bu durum Çin'in Türkleri bölmek için kullandığı yöntemlerden biri olmuştur. Evet, Çinliler, Türkleri askeri anlamda alt edemeyeceklerini anlamışlardı. Onları farklı yollarla bölüp yönetmek için farklı politikalar izlemişlerdir. Neler mi? Öğrenelim.

Çin'in Sinsi Politikaları

*Türklerin ***"konçuy"*** ismini verdiği Çinli prensesleri Türk hükümdarlarıyla evlendirerek akrabalık bağı kurmuşlardır. Bu prenseslere hizmet etmesi bahanesiyle kalabalık bir grup eşlik etmiş ve Hun sarayına yerleşmiştir. Bu kişiler Türkler hakkındaki tüm bilgileri Çin'e uçurarak casusluk faaliyetleri yürütmüştür. Ünlü tarihçimiz *İbrahim Kafesoğlu (1912-1984)* bu durumu *"Çin hile makinesi"* olarak nitelemiştir.

*Başta ipek olmak üzere pahalı hediyeler göndererek Türk hükümdarlarını kendilerine bağlamaya çalışmışlardır. Böylece ülkede lüks, zevk ve rehaveti artırarak Türklerin ülke işlerinden uzaklaşmalarını amaçlamışlardır. Örneğin I. Kök Türk Hükümdarı *Ta-po* tahta geçtiğinde kendisine 100.000 top ipek hediye gönderilmiştir. Benzer şekilde Güney Hun Hükümdarı Ho-Han-ye'ye 72 kg altın armağan edilmiştir!

*Taht kavgalarını destekleyerek, hükümdar ailesini kışkırtıp birbirine düşürerek Türkleri bölmeyi amaçlamışlardır.

*Prenseslerden destek alan Çinli diplomatlar ve görevliler Türk topraklarında serbestçe dolaşmışlar, sosyal medya üzerinde olmasa da gerçekte, sahada Türkler hakkında karalama kampanyası yapmışlardır. Vücuda girip bağışıklık sistemini mahveden virüsler gibi taht kavgalarını körükleyerek milletin birlik ve beraberliğini, devletin savunma sistemini çökertmeye çalışmışlardır. Maalesef bunda başarılı da olmuşlardır.

*Çinlilerin iş birliği kılıfıyla gönderdikleri yüksek rütbeli askerler ülke içinde kaldıkları süre içerisinde *-her ne kadar göz hapsinde tutulsalar da-* Türk ordusu hakkında ciddi bilgileri Çin'e bildirmiş, hükümdarlar gelen bu raporlardan faydalanarak Türklere büyük zarar vermiştir.

Biliyor muydunuz?
Asya Hun Devleti'ne "Büyük Hun Devleti" adı da verildiğini biliyor muydunuz?

Çin'e neden bu kadar sefer düzenleniyor?

Merak etmiştiniz değil mi? Çin'e yönelen seferlerin ve mücadelenin nedeni siyasi olmaktan daha çok ekonomikti. Ekonomisi hayvancılığa dayanan Türklerde elde edilen ürünler çoğunlukla yetmiyordu. Çin ise özellikle tarım ürünleri bakımından oldukça zengindi. Türkler bir anlamda Çin'in kaynaklarını ele geçirip hayatlarına devam etmek zorundalardı. Öte yandan yine İpek Yolu üzerindeki zengin ticaret, yol üzerinden geçen kervanlardan vergi alma/gelir elde etme düşüncesi mücadelenin diğer bir boyutunu oluşturmuştur. Bir diğer neden ise Türklerin, çok sayıdaki hayvanları için otlak bulmak istemeleriydi. Çin üzerine düzenlenen akınlarla gür otlaklar ele geçirilmesi hedefleniyordu.

Sonraki Dönemler

Ki-ok'tan sonraki dönemlerde artık Türklerin eski şaşaalı dönemleri geride kalmış, ordu eski gücünü kaybetmiş, Çin'in baskısı artmış, düşman akınları yoğunlaşmış, ülkenin vergi gelirleri azalmıştır. Başa geçen hükümdarlar ülkeyi iyi yönetememiştir. İç mücadeleler, Hun hanedan ailesinin çekişmesi işin tuzu biberi olmuştur. Devleti eski gücüne kavuşturmak için son çabalar fayda etmemiştir. Çin'in bahsettiğimiz sinsi politikaları maalesef başarılı olmuş, başa geçen hükümdarlar Çin'in dizileri aratmayan entrikalarına boyun eğmiş, sönük birkaç başarıya rağmen korkulan olmuş, ülke bütünlüğü korunamamış ve Hun ülkesi "Batı Hun" ve "Güney Hun" olmak üzere ikiye bölünmüştür (M.Ö. 58). **Burada araya girip sosyal mesajımızı vermek istiyoruz. Biz, "Eğlenceli Tarih" serisi olarak geçmişimizi size anlatarak, ders alıp geleceğimizi şekillendirelim; bunun gibi olumsuz durumların yaşanmaması için tarih bilinci, yurt sevgisi ve milli birlik ve beraberlik duygusu kazanalım diye çalışıyoruz. Ülkemize olan bağlılığımız, tüm dış güçlere karşı her daim ayakta olsun diye...**

Batı Hunları

Hunlar ikiye bölündükten sonra Batı Hun hükümdarı Çi-çi bir gayretle harekete geçmiş, ciddi başarılar kazanmış, hâkimiyet sahasını genişletmiştir. Ama bu başarılar kalıcı olamamış, Hun başkentini işgal eden Çinliler yakıp yıkmışlardır. Bu işgal sırasında Hunlar başkentlerini savunmak için tarihte eşine az rastlanır bir mücadele vermiş, sokaklarda kanlı çarpışmalar yaşanmıştır. Hun sarayı oda oda savunulmuş ve savunma sırasında ellerine kılıçlarını alan Çi-çi, oğulları, eşi ve saray görevlilerinden 1518 kişi ülkelerini kanlarının son damlasına kadar savunmuş ve bu uğurda hayatlarını feda etmişlerdir. Böylece Batı Hunları M.Ö. 36'da Çin egemenliğine girmiştir.

Güney Hunları

Güney Hunları ise önce Kuzey ve Güney olarak ikiye ayrılmış (M.Ö. 48) kuzeye Siyenpiler, güneye ise Çinliler son vermiştir. Bu gelişmeler üzerine Türklerin bir kısmı Çin esareti altında kalmamak için kuzeye doğru çekilerek özgürce yaşamışlardır. Bir kısmı ise batıya doğru göç etmişlerdir. Elbette bu Türkler batıya doğru göç ederken dünya tarihini değiştirecek, çağ açıp çağ kapatacak bir gelişmeye yol açacaklarını bilmiyorlardı. Merak ettik doğrusu... Haydi, onları takip edelim.

MERAKLI TARİHÇİNİN BİLGİ KUTUSU

Hanedan: Hükümdar ailesi.

Milli benlik: Bir milletin kendi öz varlığı, kişiliği o milleti o millet yapan değerlerdir. Bir anlamda "Türkleri Türk" yapan her şeydir.

ÇAĞ AÇAN GELİŞME: KAVİMLER GÖÇÜ

375 yılındayız. Çin egemenliğine girmek istemeyen Hunlar batıya doğru ilerlemeye başladılar. Bu sırada karşılarına çıkan Hazar Denizi ile Aral Gölü arasındaki bölgede yaşayan *Alanlar*'ı ve Karadeniz'in kuzeyinde *Ostrogotlar, Vizigotlar, Gepitler ve Vandallar* vb. gibi barbar kavimleri kovmuşlardır. Bu kavimler de başkalarını iterek batıya ilerlemişlerdir. Bir anlamda "elim sende" deyip birbirlerine baskı yapıp kovalamaca oynamaları sonucu binlerce insan yer değiştirmiş ve ortaya **"Kavimler Göçü"** çıkmıştır.

Kavimler Göçünün sonuçları

Kavimler Göçünün çok önemli sonuçları olmuştur. Sıralayalım:

1. Dönemin süper gücü olan Roma İmparatorluğu, ülkesine gelen binlerce kavmi engelleyemeyince doğu ve batı olarak ikiye ayrılmıştır (395). Bunlardan Batı Roma İmparatorluğu ise tarihe karışmıştır (476). 2000 yılı yapımı, 5 dalda Oscar kazanmış olan ünlü bir film

vardır: *Gladyatör... Bu* filmin girişinde yer alan savaş sahnesi, sınırlarına giren kavimleri durdurmaya çalışan Roma ordusunu gösterir.

2. Şimdi sıkı durun. Bugünkü Avrupalı milletlerin temeli de bu olay sonucu atılmıştır. Nasıl mı? Alanlar, Vandallar ve Vizigotlar, İspanya Yarımadası'na gelerek **İspanyolların**; Angıllar ve Saksonlar, Britanya adalarına ulaşarak **İngilizlerin**; Germen kavimleri, Ren Nehri kıyılarına yerleşerek **Almanların** oluşmasını sağlamışlardır. Çok ciddiyiz! Bunun sonucunda bugünkü İngiltere, Fransa, İspanya, Almanya gibi Avrupa devletlerinin temelleri atılmıştır. Vay be! Sonraki sayfalarda yer verdiğimiz haritalarda durumu bizzat görebilir, gözlerinize inanabilirsiniz!
3. Türk kültürü Avrupa'da yayılmıştır. Haydi söyleyeyim; Avrupalılar ceketi, pantolonu, konserveyi hatta atı bile Türklerden öğrenmişlerdir. *Turkish Style!*
4. Belki de en önemli sonuç; İlk Çağ sona ermiş, Orta Çağ başlamıştır. **Gördüğünüz gibi Türkler çağ açıp çağ kapatmışlardır! Üstelik bu son değildir. İstanbul'un fethi ile Orta Çağ'ı kapatıp Yeni Çağ'ı başlatanlar yine Türkler olacaktır.**
5. Avrupa'da Kavimler Göçü'nün meydana getirdiği karmaşa ortamında halk kendilerini güvende hissetme-

diklerinden hayatlarını devam ettirebilmek için güçlü kişilerin koruması altına girme ihtiyacı hissetmişlerdir. Halkın himayesine girdiği kişilere **"senyör"**, himaye edilenlere de **"serf"** denilmiştir. Senyörler, surlarla, kalelerle çevrili topraklarında filmlerde gördüğünüz büyük şatolarda oturuyorlar, onların toprakları ise karınlarının doyurulması, emniyetlerinin sağlanması ve ağır vergiler ödemeleri karşılığında serflere kiralanıyordu. Yani her iki tarafın da çıkarına bir sistem oluşturulmuştu. Dışarıda elinde balta ile dolaşan barbar kavimlerin dolaştığı bir ortamda surların içindeki güvenli dünya her ne kadar ağır şartlar ve vergiler olsa da serflere can güvenliği, sırt pekliği ve karın tokluğu sağlıyordu! Böylece ***feodalite(derebeylik)*** yönetimi ortaya çıktı ve tüm Orta Çağ'a damgasını vurdu.

6. Türkler, Avrupa'da yeni bir devlet kurmuşlardır.

Son madde dikkatimizi çekti. Onun için ayrı bir başlık açmaya değer.

MERAKLI TARİHÇİNİN BİLGİ KUTUSU

Kavim: Aralarında dil ve kültür ortaklığı bulunan, boy ve soy bakımından da birbirine bağlı insan topluluğudur.

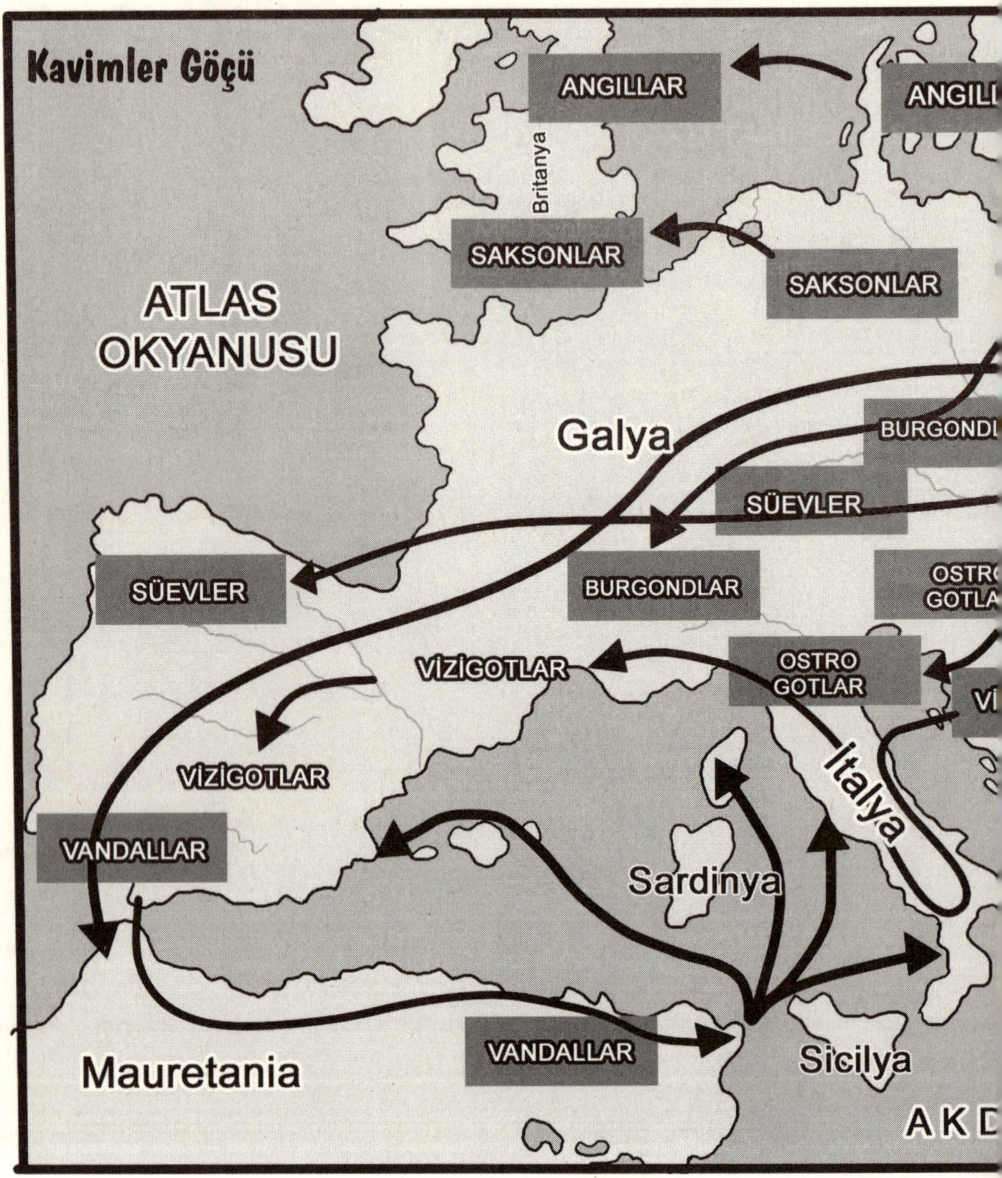

Kavimler Göçü
ANGILLAR
ANGILL
Britanya
SAKSONLAR
SAKSONLAR
ATLAS
OKYANUSU
Galya
BURGONDL
SÜEVLER
SÜEVLER
BURGONDLAR
OSTR
GOTLA
VİZİGOTLAR
OSTRO
GOTLAR
Vİ
VİZİGOTLAR
İtalya
VANDALLAR
Sardinya
VANDALLAR
Sicilya
Mauretania
AKD

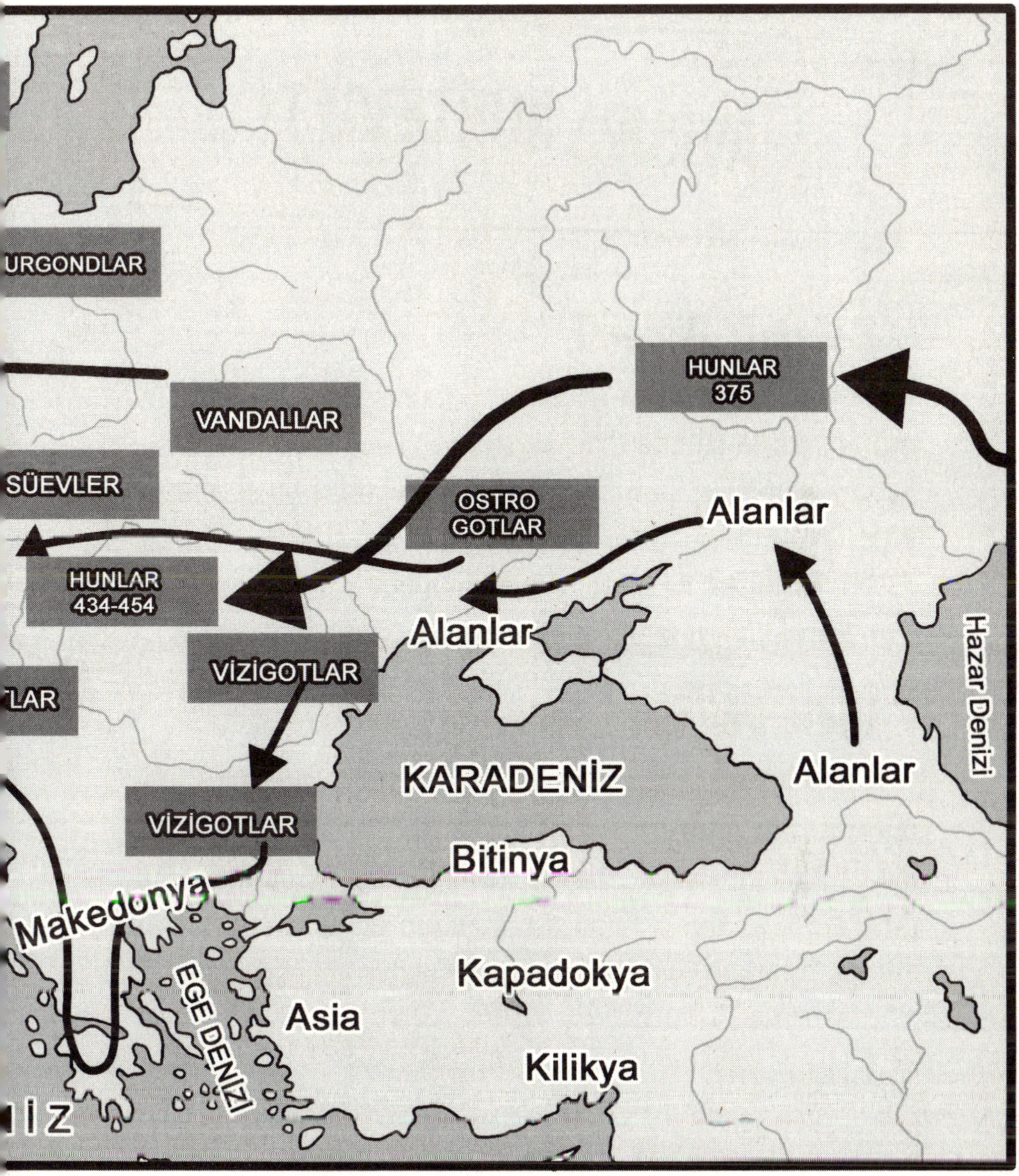

URGONDLAR
VANDALLAR
SÜEVLER
HUNLAR 375
OSTRO GOTLAR
Alanlar
HUNLAR 434-454
Alanlar
VİZİGOTLAR
TLAR
Hazar Denizi
KARADENİZ
Alanlar
VİZİGOTLAR
Bitinya
Makedonya
Kapadokya
EGE DENİZİ
Asia
Kilikya
IZ

AVRUPA HUN DEVLETİ

Balamir Dönemi

Hunlar, batıya olan göçlerini Balamir önderliğinde yapmışlar ve kısa sürede Orta Avrupa'ya, Tuna Nehri kıyılarına kadar gelmişler, buradaki barbar kavimleri yurtlarından atmışlar ve devletlerini kurmuşlardır: *Avrupa Hun Devleti (375).* Tarihçiler de iki Hun devletinin birbirine karışmaması için, kuruldukları kıtalara göre onlara isim vermişlerdir.

Uldız Dönemi

Balamir'den sonra ülkenin başına Uldız geçmiştir. Bu dönemin en önemli özelliği Türklerin ilk kez Anadolu'ya akın düzenlemeleridir. Uldız, Kavimler Göçü'nün ardından ikiye bölünen Roma İmparatorluğunun doğu tarafını baskı altında tutarken, batı tarafı ile iyi ilişkiler geliştirmiştir.

Attila Dönemi

Attila, Avrupa Hun Devleti'ne en parlak dönemini yaşatmıştır. Daha önce Avrupalıların şahit olmadığı mancınıklar, koç başları, kuleler gibi savaş araçlarını kullanarak ve *"Atımın ayak bastığı her yer benim toprağımdır."* diyerek parlak zaferler kazanmıştır. Doğu Roma İmparatorluğu (Bizans) ile ***Margos Antlaşmasını*** yapmıştır (434). Bu antlaşma ile Bizans'ın ödediği vergi artırılmış, Bizans, Hunlara karşı hiçbir devletle ittifak yapmayacağını kabul etmiştir. Ama vergiyi ödemek istemeyen Doğu Roma, filmleri aratmayan bir suikast planı yaparak Attila'yı öldürmeye çalışmış fakat başarısız olmuştur. Gelişmeler üzerine Attila, kuşatmak amacıyla İstanbul önlerine kadar gelmiş, telaşa kapılan Bizans'la ***Anatolius Antlaşması*** yapılmış (447) ve ödemeleri gereken vergi üç katına çıkarılmıştır. Doğu Roma İmparatorluğuna diz çöktüren Attila yönünü Batı Roma İmparatorluğuna çevirmiştir. Galya (Fransa) Seferi'ne çıkmış ama istenilen sonucu elde edememiştir (451). Sonraki yıl ise "yapılamaz", "olmaz" denileni yaparak çikolata reklamlarından bildiğimiz Alp Dağları'nı aşarak İtalya'ya girmiştir. Şok olan ve Attila karşısında çaresiz kalan Romalılar dua etmenin kâr etmediğini görünce Papa'dan yardım istemişlerdir. Papa başkanlığında bir heyet Attila'yı ziyaret etmiş, Roma'yı bağışlamasını rica etmiştir. Bu talebi kabul eden Attila, ordusuyla birlikte geri dönmüştür (452). *Tarihte papanın ricada bulunduğu, yalvardığı tek lider belki de Attila'dır.*

Bir efsane!

Attila daha hayattayken bir efsane olmuştur. Günümüzde bile Avrupa'da onun ismini taşıyan çok sayıda kişi vardır. Tarihin önemli askeri dehalarından biri olarak kabul edilen, ismi ünlü Alman destanı *Nibelungen*'de bile geçen Attila 453 yılında hayatını kaybetmiştir. Mezarının nerede olduğunun bilinmemesi için cenazesine katılanların tamamı öldürülmüştür. Attila'dan sonra devletin başına geçen oğulları ülkeyi babaları gibi yönetememiştir. Keşke hükümdarlık babadan oğula geçtiği gibi babanın yetenekleri de oğullara geçseydi değil mi? Avrupa'da tutunamayacağını anlayan Hunlar, ana yurtlarına, Orta Asya'ya geri dönmüş, her şeye sıfırdan başlamışlardır!

Biliyor muydunuz?

Avrupalıların pantolon ve ceket giymeyi Hunlardan öğrendiğini ve Hunların etkisinin Avrupa ve Asya kıtalarında 2000 yıl boyunca sürdüğünü biliyor muydunuz?

Avrupalıların, Attila için "Tanrının kırbacı" ifadesini kullandıklarını, işledikleri günahlardan dolayı Attila'nın ceza olarak Tanrı tarafından gönderildiğine inandıklarını biliyor muydunuz?

TÜRK ADINI KULLANAN İLK DEVLET: KÖK TÜRK

Avrupa'da fazla oyalandık. Şimdi tekrar Asya'ya, onun da orta kısımlarına dönelim. Çünkü burada çok önemli bir gelişme yaşanıyor.

Bumin Kağan Dönemi (552-553)

Kök Türkler başlangıçta Altay Dağları'nın kuzey eteklerinde yaşayan Hun kavimlerinden biriydi. Juan-Juan adı verilen bir Moğol topluluğuna bağlılardı. Bir süre sonra Bumin Kağan önderliğinde 552'de 50.000 aileyi bir araya getirerek bağımsızlıklarını ilan ettiler. *Kök Türkler, Büyük Hun Devleti'nden sonra Orta Asya'da hâkimiyeti sağlayan ikinci Türk devletidir.* Kök Türkleri genel kültür sorularında, yazılılarda en çok sorulan soru yapan ise tarihte **"Türk" adıyla kurulan ilk Türk devleti olmasıdır.** Bumin Kağan, devletin merkezi olarak **Ötüken**'i seçmiştir. Önce Juan-Juanlar üzerine yürümüş, sonrasında esas düşman Çin'le mücadele edilmiş, yer yer antlaşmalar yapılmıştır. Bumin Kağan bağımsızlıktan kısa bir süre sonra hayatını kaybetmiştir.

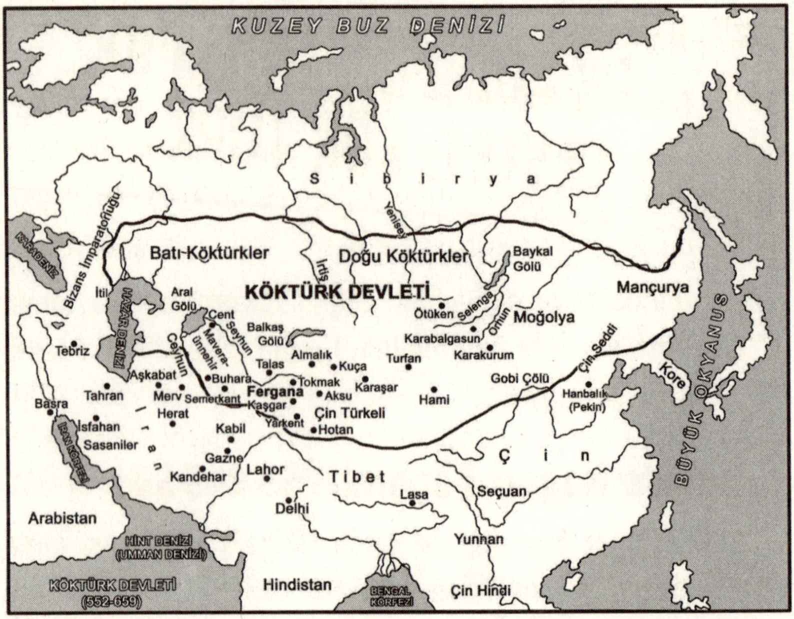

Biliyor muydunuz?

Ilıman iklimi ve zengin ormanları ile dikkat çeken, Bilge Kağan'ın "Türk memleketinin yüreği" olarak nitelendirdiği Ötüken'in Türkler tarafından kutsal kabul edildiğini, burada oturmanın Türklere mutluluk getirdiğine inanıldığını biliyor muydunuz? Burada sözü Bilge Kağan'a bırakalım: "Bunca yerlere ordu sevk ettim, Ötüken ormanından daha güzel bir yöre, ülkeyi idare edecek daha iyi bir yer göremedim." Ötüken aynı zamanda eski Türk inancında "toprak ana"ya verilen bir isimdir. Şehir, günümüzde Moğolistan'da yer almaktadır.

Mukan Kağan Dönemi (553-572)

Kök Türk Devleti'nin en zengin ve gelişmiş dönemidir. Ülke, "ikili sisteme" uygun olarak yönetilmiştir: Devletin batısını kağanın amcası İstemi Yabgu (552-576), doğusunu ise Mukan Kağan kendisi yönetmiştir. Mukan Kağan, askeri mücadeleler sonucunda sınırlarını genişletmiştir. İstemi Yabgu ise İpek Yolu'nun egemenliği için Ak Hunlara karşı Sasanilerle iş birliği yapmış, Ak Hun Devleti'nin yıkılmasını sağlamış, bu devletin topraklarını Ceyhun Nehri sınır olmak üzere Sasanilerle paylaşmıştır (557). Bir süre sonra, Sasanilerle ilişkiler bozulunca bu devlete karşı Bizans'la iş birliği yapma yollarını aramıştır. Onun batı yönünde izlediği bu politika ve yaptığı fetihler sonunda devletin sınırları 15 milyon km^2 gibi devasa büyüklüğe ulaşmış, Büyük Okyanus'tan Volga Nehri'ne kadar genişlemiştir. Yüzölçümümüz 780.043 km^2 olduğuna göre Kök Türk toprakları ülkemizin yaklaşık yirmi katı büyüklüğündeydi. Çin yıllıklarının *"heybetli, parlak etkili gözlü, kudretli ve sert"* olarak tanımladığı Mukan Kağan 572'de hayatını kaybetmiştir. Kök Türk Yazıtlarında ondan şöyle bahsedilmiştir: *"Dört bir tarafa ordu sevk etti. Kavimleri hep itaat altına aldı. Başlılara baş eğdirdi, dizlilere diz çöktürdü."*

BİLGİ KUTUSU

Hunlar ve Kök Türkler ülkelerini **"ikili sistem"** adı verilen bir yöntemle yönetmiştir. Buna göre ülke toprakları *"doğu/batı"*, "sağ/sol" veya *"kuzey/güney"* olarak ikiye bölünmüştür. Doğu üstün yazılmış, kağan tarafından yönetilmiş, batı ise **"yabgu"** unvanı verilen kağanın kardeşi tarafından idare edilmiştir. Bu uygulamanın amacı ülke yönetimini kolaylaştırmak ve "ülke hanedanın ortak malıdır" anlayışını hayata geçirmekti. Bu sistemin olumsuz özelliği ise devlet zayıfladığı zaman ülkenin kısa sürede parçalanmasına neden olmasıydı.

Ta-po Kağan Dönemi (572-581)

Yeni kağan Ta-po, *"Ülke hanedanın ortak malıdır."* düşüncesinin ve yine ikili sistemin bir sonucu olarak ülke topraklarını ikiye bölmüş doğuyu yeğeni İşbara'ya, batıyı ise kardeşi Jo-Tan'ın idaresine vermiştir. Dış politikada yaptığı hatalar ve Göktanrı inanışı yerine Budizm dinini kabul etmek istemesi halk gözündeki itibarını sarsmıştır. Çin kayıtlarında kendisinden *"Çin'i zora sokan, sıkıştıran"* olarak bahsedilen Ta-po Kağan'ın ölümü üzerine kurultay toplanarak İşbara'yı yeni kağan olarak seçmiştir.

İşbara Kağan Dönemi (582-587)

Onun döneminde Çin baskılarını iyice artırmış Türkleri asimile etmek için yoğun çalışmalarda bulunmuş ve başarılı olmuştur. Böylece kuruluşunun üzerinden 30 yıl geçen Kök Türk Devleti iç karışıklıklar sonucu 582 yılında resmen ikiye bölünmüştür. Doğu Kök Türk Devleti 630 yılında, Batı Kök Türk Devleti ise 659 yılında Çin egemenliğine girmiştir.

Unutulmaz cevap

Kök Türk devleti ikiye bölününce Çin imparatoru, İşbara Kağan'dan Türklerin; töreden vazgeçmelerini, Çinliler gibi giyinmelerini, konuşmalarını, onların geleneklerini kabul etmesini istedi. İşbara Kağan ise şu unutulmaz cevabı verdi: ***"Bizim âdet ve geleneklerimiz çok eski çağlardan beri devam ede gelmiştir. ...Elbiselerimizin önünü açmaya, omuzlarımızda dalgalanan saç örgülerimizi çözmeye, dilimizi değiştirmeye benim gücüm yetmez. Bizim kuzey bölgelerimizde idare edilenlerle idare edenler arasında kurulmuş olan kaldeleri yaralamaya ben cesaret edemem. Bütün milletimiz de aynı kalbe sahiptir."***

MERAKLI TARİHÇİNİN BİLGİ KUTUSU

Asimile: Benzetmek, kendine uydurmak anlamındadır.

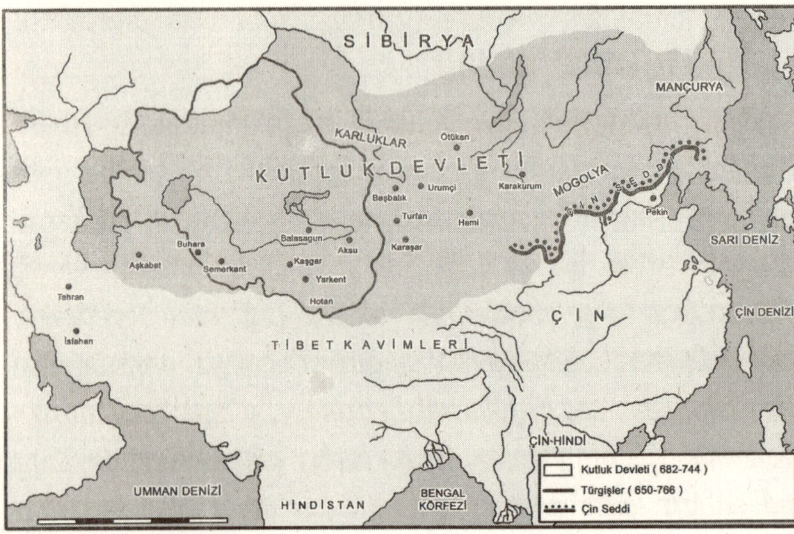

BAĞIMSIZLIK YOLUNDA BİR AVUÇ KAHRAMAN: KÜRŞAD VE ARKADAŞLARI

Kök Türkler ikiye bölünmüş, ardından her ikisi de Çin egemenliğine girmişti. Çinliler, Türklerden çoğunu kendi ülkelerine götürdüler, onlar için bir bölge belirleyerek orada yaşamalarını istediler. Temel amaçları Türkleri asimile etmek, benliklerinden, kimliklerinden uzaklaştırmaktı.

Korkusuz bir Türk subayı

Çin, ayrıca Kök Türk devletinin ileri gelenlerini ordusunda subay olarak görevlendirdi. O subaylardan biri de Doğu Kök Türk Hakanı Çuluk'un oğlu Kürşad idi. Doğu Kök Türk devletinin yıkılmasının üzerinden on yıl geçmişti. Bu on yıl, Çin esareti altında yaşayan, bağımsızlıklarına son derece düşkün Türkler için çok ağır olmuştu. Bu duruma en çok üzülenlerden biri de Kürşad'dı. Kürşad 39 arkadaşını gizlice toplayarak ihtilal yapmaya karar verdi. Kırk tane boy beyine gizlice elçi yolladı.

Hükümdarı esir almak!

Yaptıkları plana göre geceleri kılık değiştirerek halkın arasına karışan Çin hükümdarı Tay-tsung rehin alınacaktı. İmparatorun hayatına karşılık Çin sarayında yer alan Kürşad'ın yeğeni Urku Tigin kurtarılacaktı. Onun başına geçeceği bir devlet, Ötüken merkez olmak üzere kurulacaktı. Her şey hazırdı, tarih belirlenmişti, Kürşad ve arkadaşları, kararlı, heyecanlı ve istekliydi.

Büyük cesaret

Bir aksilik oldu. Planlanan gece hava fırtınalı olduğu için Çin hükümdarı sarayından çıkmadı. Kürşad ve arkadaşları ihtilali ertelemenin riskli olacağını düşündü. 39 kişiyle hükümdarı rehin almak üzere inanılmaz bir cesaretle binlerce asker tarafından korunan koca Çin sarayını bastı! Sarayı çevreleyen çok sayıda muhafızın yer aldığı dört perde duvarı aşan Kürşad ve arkadaşları kahramanca çarpışıyordu. Bazıları hayatını kaybetti. Durumun zorluğunu gören Kürşad, arkadaşlarına sarayı terk etmelerini, geri çekilmelerini söyledi. Sarayın ahırındaki atlara binerek hızla uzaklaştılar. Amaçları nehri geçerek Kök Türk topraklarına ayak basmaktı. Ama sınır devriyeleri onları fark etti. Onlarla yeniden çarpışan Kürşad ve arkadaşlarının tamamı hayatlarını kaybetti.

İlham veren kahraman...

Kürşad ve arkadaşları başarıya ulaşamasa da azimleriyle ve yurt sevgileriyle esaret altındaki Türk milletine bağımsızlık duygusuyla ilham verdiler. Yeni bir ihtilalden korkan Çinliler, esir olan tüm Türkleri serbest bıraktılar. Bu süreçte bağımsızlık hareketine girişenleri kalabalık çarşılarında idam eden Çin, Türk milletine gözdağı vermeye çalışıyordu. Kürşad'dan ilham alan bir yürekli adamın çıkıp bağımsızlık ateşini tekrar yakacağını elbette bilmiyorlardı! Kim mi? Öğrenelim...

II. KÖK TÜRK DEVLETİ

Yeniden bağımsızlık...

Kök Türkler 50 yıl süren, oldukça üzücü geçen ve **"Ülkeli bir kavim idim, şimdi ülkem nerede?"** olarak nitelenen esaret dönemindelerdi. Hatta bir plan doğrultusunda 100.000 Kök Türklü Çin'e yerleştirilmişti; 10.000 kadarı da Çin'in başkentine gitmişti. Amaç daha öncede ifade ettiğimiz Türkleri esaret altında tutarak asimile etmek, kimliklerinden, benliklerinden uzaklaştırmaktı. Bu duruma daha fazla kayıtsız kalamayan Kutluk adındaki bir bey gizli bir teşkilat kurdu. Boylara gizlice elçiler yollayarak Türk milletinin içindeki bağımsızlık duygusunu yeniden ayağa kaldırmayı amaçladı. Çağrısına cevap verenler kısa sürede 5000'e yükseldi.

Bu teşkilata ilk katılanlar arasında efsane devlet adamı, ünlü vezir Tonyukuk da yer alıyordu. Çin'de kaldığı hapisten kaçarak gelmişti. Süper ikili; Kutluk ve Tonyukuk, Çin'in bir eyaletine baskın yaparak tam 30.000 at, koyun ve deve ele geçirdiler. Böylece bağımsızlık savaşının finansmanını sağlamış oldular. *İstiklal* ruhuyla yakılan kıvılcım kısa sürede koca bir ateşe dönüştü ve bu harekete katılanların sayısı giderek çoğaldı. Karakurum'u merkez edinen Kutluk Kağan zamanın geldiğini düşünerek harekete geçti. Bu bir film olsaydı saatlerini ayarlarlardı değil mi? Ama tamamen gerçek bir olay anlatıyoruz: İlk hedef Ötüken'di. Peki ama neden? Meşhur Türkolog Gabain bu sorunun cevabını bize şöyle verir:

"Baykal Gölü'nün güney batısında yüksekçe dağlarla çevrili, saklı, savunması kolay, fakat etrafa akınlar yapmaya elverişli stratejik mevkide, iklimi elverişli otlağı bol bir yer olan Ötüken yaylası, Asya Hunları ve I. Kök Türk zamanında devlet merkezi olmuş, Türklerin kutlu toprağı sayılıyordu. Dağınık Türk boylarını ancak, 'Türk devletçilik ruhunun yerleşmiş olduğu' Ötüken etrafında toplamak ve idare etmek mümkün idi."

İl derleyen, il toplayan: İlteriş Kağan (682-691)

Nitekim 682'de Ötüken'i alan Kutluk bağımsızlığı ilan etti. Elli yıllık esaret sona erdi ve Türk tarihinde yeni bir yıldız parıldamaya başladı: **II. Kök Türk Devleti.** Kutluk Kağan tarafından kurulduğu için bu devlete **Kutluk Devleti** ismi de verilir. Ülkeyi tekrar derleyip, birleştirip bir araya getirdiği için Kutluk Kağan'a aynı zamanda **"il (ülke) toplayan, derleyen"** anlamında **İlteriş Kağan** unvanı verildi. Kutluk Kağan, bağımsızlık hareketinde en büyük destekçisi Tonyukuk'u vezir ilan etti, ordu ve bürokrasiyi ona teslim etti. Zaman kaybetmeden yıldırım hızıyla hareket eden Kutluk Kağan nam-ı diğer İlteriş Kağan, esaret yıllarının hesabını sormak için Çin'e başarılı tam 46 sefer yaptı. Çin ordularını perişan etti, eyaletlerini yağmaladı, komutanlarını, valilerini esir aldı. Türk töresini tekrar tesis etti, Türk bayrağını Orta Asya semalarında gururla tekrar dalgalandırdı. Kutluk Kağan başarılı geçen bir hükümdarlığın ardından hayata gözlerini kapadı. Bilge *(8 yaşında)* ve Kültigin *(7 yaşında)* adında iki çocuğu vardı. Ama bu çocukların yaşı henüz küçük olduğu için tahta, amcaları 27 yaşındaki Kapgan Kağan geçti.

Kapgan Kağan Dönemi (691-716)

Bu dönemde de Çin'e akınlar hız kesmemiştir. Kapgan Kağan bozkırın efsane "savaş makinesi" olan 100.000 kişilik ordusuyla Çin'e tam 25 sefer düzenlemiştir. Bu seferlerden 13'üne bizzat kendisi komuta etmiş, yeni yerler fethetmiş, isminin anlamına yaraşır şekilde **"Fatih"** olmuştur. Öyle ki ümitsiz duruma düşen Çin 18 general tarafından yönetilen büyük bir ordu kurmuş; bu generaller Türklerin üç-dört katı olan ordularına rağmen saldırmaya cesaret edememiş, Kök Türk süvarilerinin geçişini sadece uzaktan seyretmekle yetinmişlerdir. Nasıl cesaret etsinler ki? Sayıları 300.000-

400.000 olan Çin orduları 40.000-50.000 kişilik Türk orduları tarafından mağlup ediliyordu. Çin şansını farklı bir yöntemle daha denemiştir: Orduya gönderilen resmî bir tebliğde Kapgan Kağan'a suikast düzenleyip onu öldürenin "prens" ilan edileceği duyurulmuştur. Bu "sezon finali" olmayan zafer serisi sonucunda Çin'den binlerce ton tohumluk darı, demir, binlerce tarım aleti ve en önemlisi *"Çin topraklarında oturan Türkler"* geri alınmıştır! Kalbi ülke sevgisiyle dolu, genç, hırslı, ileri görüşlü siyasi bir deha olan Kapgan Kağan **"Türk tarihinin büyük fatihlerinden biri"** olarak anılmıştır. Çin'i baskı altında tutmak, diğer Türk boylarını Ötüken'e çekmek ve Asya kıtasındaki tüm Türkleri tek bayrak altında toplamak için az uyumuş, az yemiş yoğun tempo ile çok çalışmıştır. Kış ayında bile çekinmeden; Tokyukuk'un ifadeleriyle ***"kar sökerek, atları yedeğe alarak, ağaç dallarına tutunarak"*** yolsuz arazilerden geçmiş Kök Türkleri tehdit eden Kırgızların tepesine binmiştir. Kapgan Kağan, bu baş döndürücü siyasi ve askeri faaliyetlerden sonra bir sefer dönüşü pusuya düşürülüp öldürülmüş; bedeni toprağa, kahramanlığı Türk milletinin kalbine yerleşince yerine oğlu *İnal* başa geçmiştir.

İnal Kağan Dönemi

Bu dönemde Oğuz saldırıları ve kıtlık nedeniyle ülke zor duruma düşmüş, huzur kalmamıştır. Bu durum üzerine artık askerlik ve devlet işlerinde deneyim kazanan Bilge *(32 yaşında)* ve Kültigin *(31 yaşında)* harekete geçmiştir. Tonyukuk'un yardımıyla İnal'ı tahttan indirip yerine Bilge Kağan'ın geçmesini sağlamışlardır.

Bilge Kağan Dönemi (716-734)

Bilge, kağan olunca kardeşi Kültigin, ordunun başına geçmiştir. 46 yıl boyunca devlete sadakatle hizmet eden ve hiçbir savaşı kaybetmeyen Tonyukuk ise vezirliğe devam etmiştir. Bilge Kağan; II. Kök Türk Devleti'ne en parlak dönemini yaşatmıştır. Birçok Türk boyu, Kök Türk egemenliğine alınmıştır. Ve elbette alışıldık olduğu üzere Çin'e seferler düzenlenmiştir. Bilge Kağan bir süre sonra Çin ile dostça geçinmeyi planlayarak onlarla antlaşma yapmıştır. İki ülke arasında barış sağlanmıştır. Çin'in hileleri üzerine seferleri tekrar başlatmış, barış döneminde paslanan orduya yeniden dinamizm, hareket ve şöhret kazandırmıştır. Bu devirde muhteşem bir uyum ve iş birliği içinde çalışan Bilge Kağan, kardeşi Kültigin ve vezir Tonyukuk adeta destan yazmıştır. Başarıları çağları aşmış, tarihte yankılanmış, bugün bile ders kitaplarımızda yer almaktadır. Hatta Çin hükümdarı bir toplantıda bu "muhteşem üçlü" için aynen şu ifadeleri kullanmıştır: ***"...Kök Türklerin ne zaman ne yapacakları bilinmez. Bilge Kağan iyidir, milletini sever, Türkler de ondan memnundurlar... Kültigin, harp sanatının üstadıdır, ona karşı koyacak bir kuvvet, zor bulunur... Tonyukuk ise otoriter ve bilgedir, niyetleri, kurnazlığı çoktur. İşte şimdi bu üç "barbar", aynı anlayışta olarak bir aradadırlar..."***

Büyük devlet adamı: Tonyukuk

Üç kağana *(İlteriş, Kapgan ve Bilge)* hizmet eden vezir Tonyukuk inanılmaz bilgi ve deneyimi ile her daim hükümdarları uyarmış ülkesine hizmet etmiştir. Örneğin, Çin'de olduğu gibi şehirlerin etrafına surlar çevirip kaleler yapmak isteyen ve bunu gündem maddesi olarak kurultaya getiren Bilge Kağan'ı şöyle uyarmıştır: ***"Kaleler ve surlar yapmamalıyız. Biz ömrünü sulu ve otlu bozkırlarda geçiren bir milletiz. Hayat tarzımız, bizi sürekli savaşa hazır hâlde tutar. Türklerin sayısı Çinlilere göre azdır. Başarımız, yaşayış tarzımızdan ileri gelir. Kuvvetliysek ordular sevk eder, akınlar düzenleriz. Zayıf isek bozkırlara, dağlara çekilir savunma yaparız. Eğer kale ve sur içlerine kapanırsak Çin orduları bizi yok eder."*** Bu ikaz üzerine Bilge Kağan isteğinden vazgeçmiştir. *"İhtiyar kurt"* olarak nitelenen Tonyukuk 725'te hayata gözlerini kapamıştır.

7 yaşından beri

Kültigin ise 731'de öldü. 47 yaşındaydı ve 7 yaşından beri hayatını ülkesine hizmete adamıştı. Cesareti ve kahramanlığı ile düşmanları bile kendisinden övgüyle bahsetmişti. Onun gözünü budaktan sakınmamasına en güzel örnek; 716'da Üçoğuzlar Kök Türk başkentini bastığında göstermiştir.

Karargâhı kahramanca savunmuş, esareti önlemiştir. 16 yaşında amcası Kapgan Kağan ile katıldığı seferde üstün yetenekleri dikkat çekmiştir. 21 yaşındayken yine Çin ile yapılan bir savaşta üç atını kaybetmesine rağmen üzerine fırlatılan 100'den fazla oktan sıyrılarak vazgeçmeden korkusuzca çarpışmaya devam etmiştir. Bir defasında Kırgızların ordu seferdeyken yaptığı saldırı karşısında kadın ve çocukları örgütleyerek büyük bir motivasyon sağlamıştır. 710 yılında yapılan bir savaşta ise elinde hançerle düşman üzerine atılarak dokuz düşman askerini biçmiştir.

Büyük bir cenaze töreni

Kültigin için büyük bir cenaze töreni düzenlenmiştir. Cenazesinde pek çok ülke ve şehirden katılım olmuş hatta onun için **"Yenilmez Savaşçı"** ibaresini kullanan Çin bile başsağlığı dilemek üzere bir heyet göndermiştir. Bilge Kağan kardeşinin ölümü üzerine şunları ifade etmiştir: ***"Küçük kardeşim Kültigin vefat etti. Kendim düşünceye daldım. Görür gözüm görmez oldu, bilir aklım bilmez oldu. Zamanın takdiri Tanrı'nındır. İnsanoğlu hep ölmek için yaratılmış. Yaslandım, gözden yaş, gönülden feryat ederek yanıp yakıldım. Milletimin gözü ağlamaktan fena olacak sandım."***

Devletin sonu

Kardeşinden birkaç yıl sonra da vatanını ve milletini sonsuz bir bağlılıkla seven Bilge Kağan, 734'te 50 yaşındayken hükümet üyesi bir bakan tarafından zehirlenerek hayatını kaybetmiştir. 19 yıl boyunca kağanlık yapan Bilge, ülkesini ve milletini çok sevmiş, milli birlik ve beraberliği sağlamlaştırmak ve Türk'ün şanını çok ötelere ulaştırmak için yazıtlardaki ifadeyle **"gündüz oturmadan, gece uyumadan, ölesiye bitesiye"** bir istek ve enerjiyle çalışmıştır. Ondan sonra ülkenin başına geçen hükümdarlar ülkeyi iyi yönetemediği için taht kavgaları çıkmış; Karluklar, Uygurlar ve Basmiller birleşerek II. Kök Türk Devleti'ne son vermiştir (744).

Önemli belgeler

II. Kök Türk Devleti'ni Türk tarihinde önemli kılan en önemli gelişme Türk tarihinin ilk yazılı belgeleri olarak bilinen Kök Türk Yazıtları'nın bu dönemde dikilmesidir. Şanslısınız, Kök Türk Yazıtları ile ilgili bize bilgiler vermesi için Profesör Çokbilir'i davet ettik. Keyifli, şaşırtıcı bir o kadar da ilginç sohbet için sizi bir sonraki bölümümüze bekliyoruz.

MERAKLI TARİHÇİNİN BİLGİ KUTUSU:

Finansman: Ekonomik kaynak.

Tebliğ: Bildiri

Türkolog: Türk dilini; edebiyat, tarih, din ve Türk toplumlarının manevi, maddi kültürünü sistematik şekilde araştıran *Türkoloji* bilimiyle ilgilenen bilim insanlarıdır.

TÜRK TARİHİNİN İLK YAZILI BELGELERİ

Soru: Profesör Çokbilir, sohbetimize hoş geldiniz. İlk sorumuzla başlayalım. Orhun Abideleri mi? Kök Türk Kitabeleri mi? Orhun Anıtları mı? Orhun Yazıtları mı? Sahi hangi ifadeyi kullanmalıyız?

Cevap: Aslında hepsini kullanabiliriz. Bu yazıtlar Orhun Vadisi'ne dikildiği için ***"Orhun Abideleri";*** Kök Türk Devleti Dönemi'nde dikildiği için de ***"Kök Türk Yazıtları"*** diyoruz. Farklı isimler kullanılsa da hepsi aslında aynı şeyi belirtiyor.

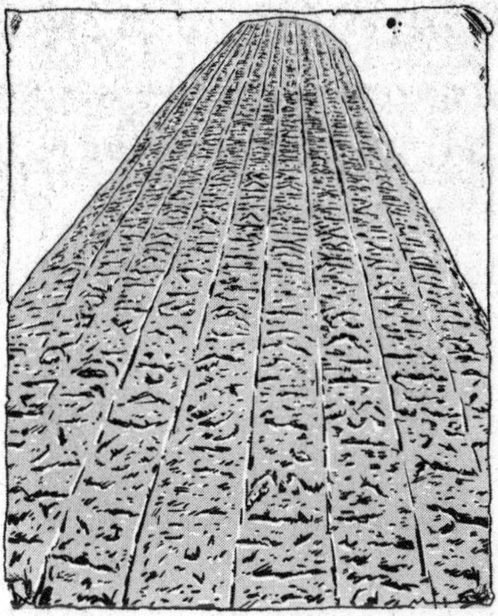

Soru: Yazıtlar kimin adına ve hangi tarihlerde dikilmiş Profesör?

Cevap: Tonyukuk Yazıtı 720'de, Kül Tigin Yazıtı 732'de ve Bilge Kağan Yazıtı da 735 yılında dikilmiştir. Burada özellikle belirtmeliyim ki; Kültigin Yazıtı kardeşi Bilge Kağan tarafından, Bilge Kağan yazıtı oğlu Tengri Kağan tarafından, Tonyukuk Yazıtı ise bizzat kendisi tarafından diktirilmiştir.

Soru: Yazıtları bizim için önemli kılan nedir profesör?

Cevap: Bu kitabeler Türk tarihinin yazılı ilk belgeleri. O yüzden tarihimiz için oldukça önemli. Bu kitabeler sayesinde ilk Türk devletlerinin siyasi, sosyal, askeri ve kültürel faaliyetleri hakkında bilgi sahibi olabiliyoruz. Benim **Kök Türk Yazıtlarında en çok dikkatimi çeken katıksız, samimi bir vatan sevgisidir. Hepimizde olması gerektiği gibi.** Ünlü dil bilimcimiz *Prof. Dr. Muharrem Ergin* yazıtlar için şu harika tanımlamayı yapar: **"Türk adının geçtiği, Türk milletinin isminin geçtiği ilk Türkçe metin. İlk Türk tarihi. Taşlar üzerine yazılmış tarih. Türk devlet adamlarının millete hesap vermesi, milletle hesaplaşması. Devletle milletin**

karşılıklı vazifeleri. Türk düzeninin, Türk töresinin, Türk medeniyetinin, yüksek Türk kültürünün büyük belgesi. Türk edebiyatının ilk şaheseri. Türk yazı dilinin ilk örneği..." *Ne dersiniz, harika değil mi?*

Soru: Kesinlikle haklısınız profesör. Yazıtlar bugün hangi devletin sınırları içinde?

Cevap: Moğolistan'da. Yazıtların bulunduğu yerde onlarla beraber yüzlerce heykel, balbal, şehir kalıntıları, taş yollar, su kanalları vb. bulundu. Ülkemizin verdiği destekle 2008 yılında kurulan *Orhun Müzesi*'ne taşınan Bilge Kağan ve Kültigin Yazıtları iklimin olumsuz etkilerinden korunarak diğer eserlerle birlikte burada sergileniyor.

Soru: Neden kitabe dikme yolu tercih edilmiş acaba?

Cevap: 8. yüzyıldan bahsediyoruz. Günümüzden yaklaşık bin iki yüz yıl önce... *Gazete, TV, genel ağ* yani internet yok. Bu yüzden büyük insan topluluklarına ulaşmak çok zor. Onlara ulaşmak istiyorsanız yapmanız gereken tek bir şey var. Yazıtlar dikerek herkesin görmesini sağlamak, herkesi uyarmak. Onlar da bunu yapmışlar.

Soru: Bu kitabeler neden dikilmiş Profesör Çokbilir?

Cevap: Şu açıklama ile başlayayım. Yazıtlardan yola çıkarak Kök Türklerin yıkılmasını üç nedene bağlayabiliriz:

- Devlet adamlarının yeteneksiz olması.

- Türk milletinin töreden uzaklaşması, devletine karşı görevlerini yerine getirmemesi.
- Çin'in kurnaz politikalar gütmesi.

Yani yazıtlar; Çin'in hilelerine karşı Türkleri uyarmak için dikilmiş. "*Biz bu hataya düştük siz düşmeyin, Çin'e karşı dikkatli olun, ibret alın*" denilmiş. Türk milleti töreden ayrılmasın, aralarındaki birlik ve beraberlik bozulmasın diye uyarılmış. **Biz, şimdi bunu "erken uyarı sistemi" olan Sosyal Bilgiler ve Tarih dersleriyle yapıyoruz.**

Soru: Peki, Profesör, Kök Türk Yazıtlarında özetle söylersek neler yazıyor, Türk milletine nasıl sesleniliyor? Hangi uyarılar yapılıyor?

Cevap: Bilge Kağan yazıtında devletin kuruluşu şöyle anlatılır; **"Üstte mavi gök, altta yağız yer kılındıkta, ikisi arasında insanoğlu kılınmış. İnsanoğlunun üzerine atam Bumin Kağan, İstemi Kağan oturmuş. Oturarak Türk milletinin ilini, töresini tutuvermiş, düzene sokuvermiş."** Ardından elli yıl süren Çin esareti anlatılarak, Çin'e karşı dikkatli olunması mesajı verilir: **"Beyleri, milleti ahenksiz olduğu için, Çin milleti hilekâr ve sahtekâr olduğu için, küçük kardeş ve büyük kardeşi birbirine düşürdüğü için, bey ve milleti karşılıklı çekiştirttiği için, Türk milleti il yaptığı ilini elden çıkarmış, kağan yaptığı kağanını kaybedivermiş. Türk beyleri Türk**

adını bıraktı. Çinli beyler Çin adını tutarak, Çin kağanına itaat etmiş. Elli yıl işi gücü vermiş..."

İpek kumaşla aldatırmış

Bilge Kağan'ın ağzından yazılan Kültigin Yazıtında da bu mesajlar şu şekilde devam eder: **"Çin milletinin sözü tatlı, ipek kumaşı yumuşak imiş. Tatlı sözle, yumuşak ipek kumaşla aldatıp uzak millete öylece yaklaşırmış. Yaklaşıp konduktan sonra, kötü şeyleri o zaman düşünürmüş. İyi bilgili insanı, iyi cesur insanı yürütmezmiş. Bir insan yanılsa, kabilesi, milleti, akrabasına kadar barındırmazmış. Tatlı sözüne, yumuşak ipek kumaşına aldanıp çok çok, Türk milleti, öldün; Türk milleti, öleceksin!"** Aynı şekilde Bilge Kağan yaptığı faaliyetler hakkında bilgi verir yazıtlarda; **"Kağan oturup aç, fakir milleti hep toplattım. Fakir milleti zengin kıldım. Az milleti çok kıldım. Yoksa, bu sözümde yalan var mı? Türk beyleri, milleti, bunu işitin! Türk milletini toplayıp il tutacağını burada vurdum. Dört taraf hep düşman imiş. Ordu sevk ederek dört taraftaki milleti hep almış, hep tabi kılmış."** şeklinde.

"İl de il oldu, millet de millet oldu"

Tonyukuk da kendi adıyla anılan yazıtında, II. Kök Türk Devleti'nin kuruluş dönemini özetler ve şu şekilde seslenir:

"Kapgan Kağan oturdu. Gece uyumadı, gündüz oturmadı. Kızıl kanımı döktürerek, kara terimi koşturarak işi, gücü verdim hep. Uzun keşif kolunu yine gönderdim hep. Siperi, nöbet yerini büyüttüm hep. Geri dönen düşmanı getirdim. Kağanımla ordu gönderdim. Tanrı korusun, bu Türk milleti arasında silahlı düşmanı koşturmadım. İlteriş Kağan kazanmasa ve ben kendim kazanmasam, il de millet de yok olacaktı. Kazandığı için ve kendim kazandığım için il de il oldu, millet de millet oldu."

Biliyor muydunuz?
*İlk Türk devletlerinde, devlete **"il"** veya **"el"**, halka ise **"kün"** adı verildiğini biliyor muydunuz?*

Soru: Kitabeler hangi dilde yazılmış, nasıl bir üslup kullanılmış?

Cevap: Kök Türk alfabesi ile yazılmış. Kök Türklerin 38 harften oluşan kendilerine özgü bir alfabeleri var. Metinler, taşların üzerine **"oyma yazı"** diye tabir edebileceğimiz bir yöntemle kazınmış. Ünlü arkeolog Sprengling, Tonyukuk Yazıtı için onlarca dilde yazılmış yazıt incelediğini bu kadar zarif, açık, güzel ifade edilmiş bir yazıta rastlamadığını ifade etmiştir. Türkolog Thomsen de "Belirgin, çok renkli ve çekici bir üslubu" olduğunu söyler kitabelerin. Gerçekten yazıtlarda çok canlı, zengin bir dil kullanılmıştır.

Soru: Kitabeleri kim yazmış, pardon yazmak yerine taşa kazımış desek daha doğru olacak galiba?

Cevap: Aynen öyle. Kitabeleri taşa kazıyan *Yolluğ Tigin*. Kendisi aynı zamanda II. Kök Türk Devleti'nin beşinci hükümdarıdır. Tabii yazıtları taşa kazıdığı dönemde henüz hükümdar olmamıştı.

Soru: Şimdi en merak ettiğimiz soruyu sormak istiyorum Profesör. Kök Türk Yazıtları nasıl çozüldü?

Cevap: Önce bir konuyu aydınlatarak sorunu cevaplayayım. Kök Türk Kitabeleri yazıtlardan sadece birkaçı. Şaşırtıcı ama bölgede 300'ün üzerinde yazıt var. Bu yazıtlar mezar taşlarına, madenî ve ahşap eşyalara kazınmış. Gelelim şimdi sorunun cevabına. Yazıtlardan bahseden ilk kişi 1709'da

Rus ordusuna esir düşen ve Sibirya'ya sürgüne gönderilen, aynı zamanda bir harita bilgini olan İsveçli Subay Strahlenberg'dir. Kendisi Rus Çarı Petro tarafından Sibirya'daki bitkileri tespit etmek amacıyla çalışan bir bilginin yanına yardımcı olarak verilmiştir. İsveçli subay, Orta Asya'da on üç yıl boyunca dolaşmış, yazıtların resimlerini çizmiş ve 1730'da yayımladığı kitaba bu resimleri koymuştur. Yazıtların üzerinde yer alan yazılar böylece bilim dünyasının dikkatini çekmiştir. Ruslar ve Finliler tarafından bölgeye iki heyet yollanmıştır. Her iki ekip de 1890'da yazıtları bulup kopyalarını yayımlamıştır. Bu durum yazıtlara olan ilgi ve merakı iyice artırmıştır. Ama yazıtların okunması o kadar kolay olmamıştır. Yazıtları okumayı deneyen çok sayıda bilgin olmuştur. Hatta bu durum bir anda rekabete dönüşmüştür. Yazıtların bir yönünün Çince olması bilim insanlarını heyecanlandırmıştır. Çince metinleri okumalarının, diğer metinleri de çözmelerini kolaylaştıracağını düşünmüşlerdir. Ama Çince metinler okunduğunda görüldü ki sadece yazıtları diken kişinin adı ve dikilme tarihi vardı. Uzmanlar başladıkları yere geri dönmüşlerdi. Sil baştan yeniden işe giriştiler.

Soru: Profesör, Avrupalıların yazıtlara bu kadar ilgi göstermesinin nedeni nedir?

Cevap: Aslına bakarsanız Avrupalı bilim insanları bu yazıtların kendi atalarına ait olduğunu düşünüyorlar ve bunu keşfeden kişi olarak tarihe adlarını yazdırmak istiyorlardı.

Hayal kırıklığı yaşayacaklarını bilmeden çalışmaya devam ettiler. Yazıtları çözen ise yetenekli ve tecrübeli bir dilbilgini olan Danimarkalı *Wilhelm Thomsen* oldu. Thomsen, Çince yazıdan yola çıkarak bulmaca çözer gibi titizlikle önce yazıtlarda en çok tekrar eden **"Tengri"** kelimesini, ardından *"Türk", "Kök Türk" ve "kağan"* kelimelerini çözdü. Arkası çorap söküğü gibi geldi. Sadece birkaç saat sonra Thomsen'in elinde yazıtların çözülmüş metni vardı. Danimarkalı bilgin 16 sayfalık bir metin hazırlayarak Danimarka İlimler Akademisi'nde 15 Aralık 1893'te yayımlayarak tüm ilim dünyasına duyurdu. Bu çalışma tüm dünyada büyük yankı uyandırdı. Elbette bizim ülkemizde de oldukça ilgi gördü ve konuyla ilgili birçok çalışma yapıldı.

Soru: Verdiğiniz bu güzel bilgiler için teşekkür ederiz profesör.

Cevap: Ben teşekkür ederim.

Biliyor muydunuz?
Tonyukuk anıtının dikilmesinin 1300. yıl dönümü olması nedeniyle Birleşmiş Milletler Eğitim, Bilim ve Kültür Örgütü (UNESCO) tarafından 2020 yılı içinde bir anma programı düzenlendiğini biliyor muydunuz?

Ülkemizin kurucusu Atatürk, "Türk çocuğu atalarını tanıdıkça daha büyük işler yapmak için kendinde kuvvet bulacaktır." ifadesiyle ilk Türk devletlerine özel ilgi göstermiş, bu konuların Millî Eğitim Bakanlığı müfredatına konulmasını sağlamış, Türk Tarihinin Ana Hatları adlı eserin yazımına öncülük etmiş, aynı zamanda bu alanda çalışmalar yapılması için 1931'de Türk Tarih Kurumu'nu kurmuştur.

MERAKLI TARİHÇİNİN BİLGİ KUTUSU

Abide: Anıt

YERLEŞİK YAŞAMA GEÇEN İLK TÜRK DEVLETİ: UYGURLAR

Uygurlar başlangıçta Orhun ve Selenga ırmakları kıyısında Büyük Hun Devleti'ne bağlı olarak yaşıyorlardı. 744'te Karluklar ve Basmiller ile iş birliği yaparak II. Kök Türk Devleti'ne son vermişler, Ötüken'i merkez olarak belirleyip devletlerini kurmuşlardır. Şimdi kıymetli tarihçimiz *Prof. Dr. Faruk Sümer'in (1924-1995)* **"Türk ağacının büyük bir dalı"** dediği Uygurların tarihine bir giriş yapalım.

Kutluk Bilge Kül Kağan Dönemi (744-747):

Devletin kurucusu olan Kutluk Bilge Kül Kağan, başkenti Ötüken'den Karabalsagun'a taşımıştır. Ülke sınırlarını genişletmiştir. Ölümünün ardından yerine oğlu Moyen-Çur geçmiştir.

Moyen-Çur (Bayan-Çur) Dönemi (747-759):

Bu dönemde Çin'de büyük bir iç karışıklık yaşanmıştır. Çin İmparatoru, Moyen-Çur'dan yardım istemiştir. Yardım isteğine olumlu yanıt verilmiştir. Böylece Türk-Çin ilişkileri gelişmiştir. Öte yandan Türk boylarını denetim altına alan Moyen-Çur aynı zamanda ülke sınırlarını genişletmiştir.

Bögü Kağan Dönemi (759-780):

Bu dönemde Çin'de iç karışıklık başlamıştır. Bögü Kağan, korumacı bir politika izlemiş, Çin İmparatoruna destek vermiş, isyancılara karşı ordu göndermiştir. Bir süre sonra bu politikasından vazgeçerek Çin'i ele geçirmek için harekete geçmiş, birçok Çin şehrini almış, çok sayıda ganimet elde etmiştir. Bögü Kağan, Çin seferindeyken tanıştığı Maniheizm (Mani) dinini kabul etmiş hatta dönerken bu dini halkına öğretmesi için dört Mani rahibini de yanında getirmiştir. Bununla kalmamış Mani dinini resmi din ilan etmiş, bir ferman yayımlayarak halkından bu yeni dine girmelerini istemiştir. Bununla kalmayıp halkı onarlı gruplara bölmüş, her birinin başına birini görevlendirip Mani dinini öğretmelerini istemiştir. Bögü Kağan'ın bu çağrısı daha çok saray ve yerleşik yaşama geçenler arasında karşılık bulmuştur. Bu nedenle Mani daha çok "şehirli ve tüccar dini" olarak kalmış; göçebe halk ise Gök Tanrı inancından ayrılmamıştır.

Biliyor muydunuz?
Oğuzların yerleşik yaşama geçen soydaşlarına "yatuk" yani tembel diyerek onları küçümsediğini biliyor muydunuz?

Savaşa ve ete hayır!

Maniheizm'in temel özellikleri şunlardı: Hayvani gıdaları yemek yasaktı; sebze yenilmeliydi. Bu yemek de günde bir defa akşam zamanı tüketilmeli, geri kalan sürede aç kalınmalı, bir anlamda oruç tutularak beden terbiye edilmeliydi. Örneğin Mani rahipleri soğan ve benzeri şeyler yiyorlardı. Yani tam vejeteryanlardı! Mani dini savaşmayı da yasaklıyordu. Tüm bu özellikleriyle bu yeni din Türklerin askeri, ekonomik ve kültürel özelliklerini etkilemiştir.

Göçebe yaşamdan yerleşik yaşama

Uygurların yeni dini söylediğimiz gibi et yemeyi yasaklıyordu. Bunun etkisiyle Uygurlar hayvancılığı bıraktılar. Hayvancılık olmadığına göre artık göçebe yaşama; yaylak-kışlak arasında gidip gelmeye de gerek yoktu. Bunun sonucu olarak göçebe yaşamı terk edip yerleşik yaşama da geçtiler. Yeni din bolca sebze yemeyi telkin ettiği için tarımı temel ekonomik faaliyet olarak benimsediler. Usta çiftçi olan Uygurlar, Çin'den çok sayıda tarım aleti aldılar, ovadan

geçen bir nehrin yönünü değiştirerek kanallarla bahçeler ve tarlaları suladılar. Elde ettikleri tahılları bu akarsuların üzerine kurdukları değirmenlerde öğüttüler.

Biliyor muydunuz?
Uygurların şehirlerinde ulaşım için at arabalarından yararlandığını, bu nedenle Çinlilerin onlara "yüksek arabalılar" dediğini biliyor muydunuz?

Gelişmiş şehirler

Uygurlar, yerleşik yaşam sonucu surlarla çevrili şehirler kurmuşlar; tapınaklar, saraylar inşa etmişlerdir. Kaynaklardan öğrendiğimize göre Uygur başkenti Karabalgasun'a demirden yapılmış on iki büyük kapıdan giriliyordu ve şehirde ahşap veya tuğladan yapılmış dükkânlar ve iki katlı, beyaz badanalı evler yer alıyordu. Diğer yandan dinin temel öğretileri hareketli yaşamaya alışmış, savaşçı toplum olan Türkleri etkilemiştir. Uygurlar savaşçı özelliklerini kaybetmiştir. Mani dininin etkisiyle ticaret Uygurlar Dönemi'nde zirveye ulaşmış, çok canlı bir ticaret hayatı yaşanmıştır.

Biliyor muydunuz?
*Türklerin şehirlerine **"balık"** adını verdiğini, Ordubalık, Beşbalık şehrinin önemli şehirlerden olduğunu biliyor muydunuz?*

Seyyahın gözünden

981-984 tarihleri arasında Turfan Uygurları'na giden Çin elçisi Wang Yen-te'nin raporu Uygurlar hakkında bize detaylı bilgiler verir. Bu bilgiler Uygurların çağlarına göre nasıl üst düzey bir medeniyet kurduklarını kanıtlar. Birlikte okuyalım:

"Kao-ch'ang (Turfan) şehrinde yağmur ve kar yoktur. Aynı zamanda çok sıcaktır. Evler beyaz boyalıdır. Chinling Dağları'ndan çıkan nehir, başşehrin bütün çevresini dolaşır, tarlaları ve meyve bahçelerini sular, su değirmenlerini işletir. Bu yerde beş hububat yetişir. Zengin insanlar at eti yerler, geri kalanlar ise sığır eti ve yaban kazı yerler. Onlar müziklerinde kopuz kullanırlar. Onlar, samur kürkü postu, keçe ve çiçek motif işlemeli elbise imal ederler. Kadınlar başlarına bir çeşit şapka giyer. Onların geleneklerine göre büyük bir kısmı ata biner ve ok atarlar. Onlar, gümüş ve pirinçten yaptıkları tüpleri su ile doldururlardı. Bu tüplere basarak suyu fışkırtırlar yahut birbirlerine su atarak spor yaparlar."

Biliyor muydunuz?

Uygurların devletlerinin yıkılmasının ardından Sarı Uygurlar, Turfan Uygurları gibi yeni devletler kurduklarını biliyor muydunuz?

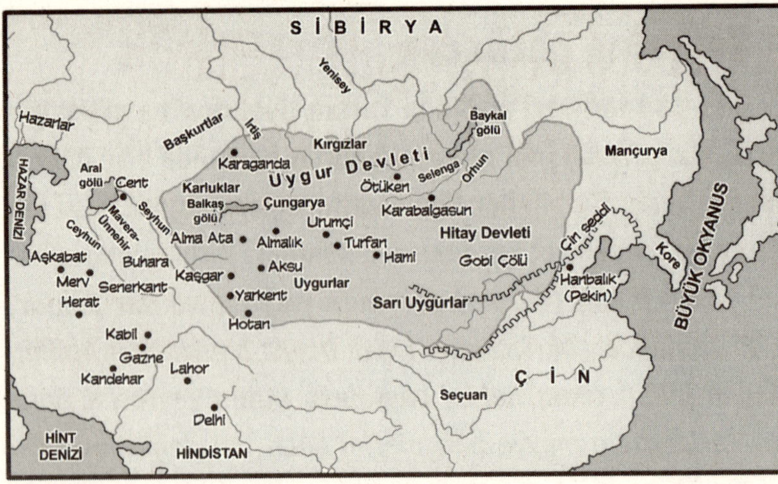

Baga Tarkan Dönemi ve devletin sonu:

İç düzeni sağlamak isteyen Baga Tarkan çok sayıda kanun çıkarmıştır. Onun döneminde başlayan iç karışıklıklar sonraki dönemde de devam etmiş, kıtlık, açlık ve salgın hastalıklar nedeniyle devlet iyice zayıflamış, Kırgızlar 840'ta başkentlerini işgal ederek Uygur Devleti'ne son vermişlerdir. Bu son derece kolay olmuştur. Neden mi? Mani dini zaten savaşmayı yasaklamıştı.

MERAKLI TARİHÇİNİN BİLGİ KUTUSU

Ferman: Hükümdarın emirlerini içeren belgedir.

İLK TÜRK DEVLETLERİNİN İNANILMAZ KÜLTÜR VE UYGARLIĞI

İlk Türk devletlerinin askeri ve siyasi gelişmelerini gördük. Şimdi ilk Türk Devletlerinin coğrafyayla bütünleşmiş uygarlığını anlatmak istiyoruz size. Önden buyurun lütfen.

A) DEVLET YÖNETİMİ

Tarihçiler ilk Türk devletlerinde yönetimin sağlıklı bir vücut gibi işlediğini ifade etmişlerdir. Devleti oluşturan temel unsurlar *bağımsızlık, ülke, halk ve teşkilattı.* Ülkeyi bir hükümdar yönetirdi ve hükümdara *"kağan", "han", "hakan"* gibi unvanlar verilirdi. Hükümdarlık "saltanat" dediğimiz sistemle hanedanın erkek üyelerine geçerdi. Kağan çocuklarına **"tigin"** adı verilir ve bu çocuklar **"ataman"** adı verilen hocalar tarafından özel yetiştirilirdi.

Günümüzde kullandığımız **"Ele güne karşı"** deyimlerinde geçen el ve gün kelimeleri, geçmişte, İl (devlet) ve Kün (halk-millet) anlamında kullanılmıştır. Tarihsel süreçte *"Devlet ve millet bize ne der sonra?"* şeklindeki anlamı değişerek zamanımıza *"Başkaları bize ne der sonra?"* anlamına gelmiştir.

Zor görev: Kağanlık

Kağan **"otağ"** adı verilen büyük çadırda kalırdı. Kağanların *yazlık* ve *kışlık* olarak belirledikleri iki merkezi bulunurdu. Kağanın görevleri ise şunlardı;

1. *Halkın ihtiyaçlarını karşılamak*
2. *Halkının güvenliğini sağlamak*
3. *Halkının mutluluğunu temin etmek*
4. *Halkın sevgisini kazanmak*
5. *Devleti, milleti ve töreyi düzene koymak*

Türklerin bağımsızlığa ne kadar önem verdiklerini ve gelecek nesillere nasıl bir ideal bıraktıklarını Büyük Hun Hükümdarı Çi-Çi'nin şu ifadelerinden anlamak mümkündür: ***"Boyun eğmeyeceğiz! Zira öteden beri Türkler kuvveti takdir eder, tabi olmayı küçük görür. Savaşçılığımız sayesinde düşmanlarımızı titreten bir millet olduk. Biz ölsek de kahramanlığımızın şöhreti kalacak, çocuklarımız ve torunlarımız diğer kavimlerin efendisi olacaktır."***

"Kut" inancı

İlk Türk devletlerinde, ülkeyi yönetme yetkisinin Tanrı tarafından verildiğine inanılırdı ve bu yetkiye ***"kut"*** adı verilirdi. Bu anlayışa göre; "*Tanrı yeryüzünü derleyip toplasın*" diye aralarından birini seçer ve hükümdar olarak görevlendirirdi. **Bu inanca göre kağanların Tanrı tarafından seçildiğine, yetkiyi Tanrının verdiğine, kutun "kan yoluyla" hükümdarın tüm erkek çocuklarına geçtiğine inanılırdı.** Bütün hanedan üyelerinde kut olduğundan kendine güvenen hükümdar ailesinden biri taht kavgasına girişebilirdi. Bu durum Türk devletlerini ya iç savaş sonucu istikrarsızlığa ya da bölünmeye götürüyordu. Kut inancı Kök Türk Yazıtları'nda; ***"Babam İlteriş Kağan ile Anam İl Bilge Hatun'u Tanrı tahta oturttu. Tanrı izin verdiği ve kutlu olduğum için kağan oldum."*** ifadeleriyle belirtilmiştir. Hükümdarlar, bu yetki ile Tanrının kendilerine güç verdiğini de düşünürlerdi. Bu yüzden başarılı olmak için aşırı emek sarf ederler, başarısız olmaları durumunda Tanrının kendilerini salgın hastalık, kıtlık, esaret, askeri başarısızlık vererek imtihan edeceğine inanırlardı. Bilge Kağan, bu durumu yine Kök Türk Yazıtlarında "***Türk milletinin adı sanı yok olmasın diye gece uyumadım, gündüz oturmadım. Aç milleti doyurdum, çıplak milleti giydirdim. Fakir milleti zengin kıldım. Az milleti çok kıldım. Dört bir tarafa ordu sevk ettim. Devletimi değerli kıldım."*** ifadeleriyle belirtmiştir.

Ülkeyi yöneten meclis: Kurultay

İlk Türk devletlerinde devlet işlerine **kurultay** adı verilen mecliste karar verilirdi. **Toy, kengeş** gibi isimlerle de anılan kurultaya, üst düzey devlet adamları, ordu komutanları, boy beyleri vb. katılır ve kurultayda askeri, siyasi, ekonomik konularda karar verilirdi. En önemlisi; savaşa, barışa karar verilir, töreye uyulup uyulmadığı denetlenir, yeni kağan seçimi yapılır, elçiler kabul edilirdi. Kurultay toplandığında büyük bir ziyafet verilir, şölen düzenlenir aynı zamanda insan ve hayvan sayımı yapılırdı. Olağanüstü yetkileri olan kurultayın kağanı bile yargılama yetkisi vardı. Gerektiğinde toplantılara halk da katılırdı. Kağan alacağı kararlar için kurultay üyelerine danışır, ona göre karar verirdi. Bu uygulamaya **"meşveret"** yani *"akıl almak, en doğruyu bulmak için birilerine danışmak"* adı verilirdi. Kurultayda alınan kararların ***"adalet"*** üzerine olmasına çok dikkat edilirdi.

Kadına verilen değer...

Kurultayda kağanın eşi **katun** (hatun) da yer alırdı. İç ve dış politikada hatunun görüşüne çok değer verilirdi. Emirler **"Kağan ve hatun buyuruyor ki..."** diyerek ilan edilirdi. Hatta, kağan sefere çıktıysa hatun **"Türkan"** unvanıyla ülkeyi yönetir, kurultaya başkanlık eder, gelen elçileri kabul ederdi. Kök Türk Dönemi'nden kalma paranın üzerinde kağan ile hatunun da kabartmasına yer verilmesi kadına verilen değer bakımından oldukça önemlidir. Görselini sayfalarımızda paylaştık. Hatunun devlet yönetimindeki etkisine şu örnek-

herkes ülkesi için savaşmıştır. Kurtuluş Savaşı'nda da bunun en güzel örneği verilmişti, anımsıyorsunuz değil mi?

Türk ordusunun üç özelliği

Türk ordusunu diğer ordulardan ayıran üç temel fark vardı.

Birincisi; Türk ordusundaki askerler ücretli değildi. Dönemin devletlerindeki askerler çoğunlukla maaşlı askerlerden oluşturulurken, Türklerde böyle bir durum söz konusu olmadı. Askerlik bugün de devam eden bir anlayışın bir sonucu olarak *vatan göreviydi.*

İkincisi; Türk ordusu sürekli idi. Yani diğer devletlerde olduğu gibi savaş zamanı toplanan, sonra dağılan bir ordu değildi. Türkler yaşamlarını da tamamen askerlik üzerine inşa etmişlerdi. Öyle ki spor yaparken, avlanırken, hatta eğlenirken bile askeri disipline uyarlar, bir anlamda antrenman yaparak kendilerini dinç tutar, savaşta ise 7'den 77'ye herkes ülkesini savunurdu.

Üçüncüsü; diğer devletlerin orduları tamamen piyade yani yaya askerlerden oluşurken Türk ordusunun tamamı süvari yani atlı askerlerden oluşurdu. Bu durum ağır hareket eden piyadelerden oluşan ordular karşısında Türk ordusuna büyük avantaj sağlıyor, hızlı, çevik ve şaşırtıcı hareket eden ve hafif silahlar kullanan süvariler başarılı oluyordu.

Bu özellikleri taşıyan cesur, disiplinli, kahraman ordularıyla Türkler, **"Doğuda gün doğusuna, güneyde gün ortasına, batıda gün batısına, kuzeyde gece ortasına kadar"** yerleri almışlardı.

Biliyor muydunuz?
*İlk Türk devletlerinde hanedan üyesi olan komutanlara **"şad"** adı verildiğini biliyor muydunuz?*
*İlk Türk devletlerinde askere **"sü"**, komutanlarına ise **"sübaşı"** denildiğini, günümüzde kullandığımız "Su uyur düşman uyumaz" atasözünün çıkış noktasının burası olduğunu biliyor muydunuz?*

Ordunun beslenmesi

Dönem ordularının birçoğu için kalabalık orduların beslenmesi önemli bir sorundu ve sefere gidilirken binlerce sığır taşınırdı. Oysa Türkler bu sorunu çoktan çözmüştü. Yanlarında kurutulmuş et konservelerini atlarının eyerlerine bağladıkları çantalarda zahmetsizce taşıyorlar ve acıktıklarında yiyorlardı. Bir *"Made in China"* değil *"Made in Türk"* olan konserve Çin ve Avrupa'dan 500-1000 yıl önce Türklerce kullanılmıştı.

Ordunun kullandığı silahlar

Türkler zamanın en etkili silahlarını kullanıyorlardı. Bunlar arasında; *ıslıklı oklar, yaylar, gürzler, mızraklar, kılıçlar, kalkanlar, kementler* vb. sayılabilir. Türkçe 'de silahlarla ilgili epeyce kelime olması Türklerin orduya verdiği önemi belirtir. Türkler özellikle ok ve yayı çok etkili savaş aletleri hâline getirmişlerdir. "Yakın savaş" yerine "uzak savaşı" tercih etmişler, etkili ok atışları ile düşmanlarını perişan etmişlerdir. Savaş sırasında zillerden ve davullardan yararlanmışlar; davullar çalmaya başlayınca okçular binlerce oku vızıldayarak düşman üzerine yağmur gibi yağdırmışlar, ziller çalınca da durmuşlardır. Savaş sırasında tolga (miğfer) ve hem kendileri hem de atları için zırh takmışlardır. At üzerinde her 180 derece dönüp 846-1000 metre arasında değişen menzilleriyle özellikle tersine gerilmiş, 1,5-2 metre uzunluğundaki kemiklerle kuvvetlendirilmiş çift kavisli yayları kullanmışlardır. Böylece hedeflerini on ikiden vurmuşlardır. Yakın temas gerektiğinde ise, kabzasına yakın kısmı düz, uca yakın kısmı eğri "kesici gücü" çok yüksek kılıçlar şakır şakır konuşturulmuştur. Kalkanlar maharetle tutulmuş, ustalıkla kullanılmış; yeri geldiğinde *kargı, gürz* düşmanlara unutmayacakları dersler vermiştir. Tabii ölmeyip de geride kalanlara! Kök Türk Yazıtlarında ifade edildiği gibi **"askerlerini kurt, düşmanlarını koyun yaparak"** büyük başarılara imza atılmıştır. Savaş sırasında filmlerdeki aksiyon sahnelerini aratmayan şeyler olağan görülmüştür: Süvariler iki at taşımış, birinden diğerine kedi kıvraklığıyla atlamış, atlarını yularını tutmadan, sadece dizleriyle kullanmış ne kadar hızlı koşarsa koşsun dengesini sağlayıp, oklarını kolaylıkla fırlatmıştır. Töre gereğince düşmandan esir alan ödüllendirilmiş, harp meydanından kaçanlar idam ile cezalandırılmış, savaşta hayatını kaybedenlerin cesetleri geride bırakılmamıştır. Şimdi size bir soru...

Savaşlarda süvariler hangisine göre diziliyordu?

a. Alfabetik sıraya göre

b. Atlarının renklerine göre

c. Takipçi sayılarına göre

d. İsteklerine göre

Cevap: İlk Türk devletlerinde renklere özel bir önem veriliyordu. Mete Han bir kuşatma sırasında ordusunu kuzeye [yağız-kara atlı], güneye [doru-bordo atlı], batıya [ak-beyaz atlı] ve doğuya [kır atlı] olacak şeklinde olacak şekilde atların renklerine göre dizmiştir. Bu sayede atların renklerinden savaşın seyri izleniyor ve gereken müdahale yapılıyordu. Zekice değil mi? Türkler Anadolu'ya geldikten sonra renklere verdikleri geleneği sürdürmüşlerdir. Şimdi ülkemizin kuzeyindeki denize *Karadeniz*, batısındaki denize *Akdeniz*, onun güneyinde kalan denize ise *Kızıldeniz* adını vermişlerdir. Bunlar arasında Gök Tanrı inancının etkisiyle mavi rengine özel bir önem verilmiş, mavi renginin bir tonuna ise "Türk mavisi" yani **"turkuaz"** adı verilmiştir. *İşte bu nedenle kitabımızın kapağı için de turkuaz rengi tercih ettik.* **Cevap: B.**

Savaş taktikleri

Türkler bir yerin fethi için önce oraya **"türktaz"** denilen sürpriz saldırılar yaparlar, keşif seferleri düzenler, ardından yıpratma savaşlarına başlar, finalde ise asıl hedef için harekete geçerlerdi. Ani baskına uğramamak için sıkı bir istihbarat ağı kurulur, nöbetçiler dikilirdi. Düşmanın gelişini önceden haber vermesi için ateş yakılıp alarm verilmek üzere **"kargu"** adı verilen kuleler kurulurdu. *Böylece daha düşman yüzlerce kilometre uzaktayken kargular arasında kablosuz iletişim sağlanır; duman/ateş sistemiyle, 7/24, gece/gündüz, 365 gün 6 saat alarmda/ teyakkuzda olunurdu.*

Savaş ustaları

Türkler kahramanlığa o kadar önem veriyordu ki; savaşa katılıp düşman öldürmeyen kişiler evlenmiyor, harp meydanında ölmek gurur veriyor, yaşlanıp yatakta ölmek yadırganıyor, esir düşmek utanç sayılıyordu. Şimdi dönem kaynaklarından, çağdaş tarihçilerden, Çin yıllıklarından derlediğimiz bilgilerden hareketle size Türklerin nasıl savaştığını anlatmaya çalışalım:

- ✓ ***"Yorulmak bilmeyen, ufukta bir fırtına gibi giden atları vardır."***
- ✓ ***"Aslanlar gibi haykırarak düşmanın üzerine çullanırlar."***
- ✓ ***"Ok ve kement kullanmada rakipsizdirler."***
- ✓ ***"Okları ölüm taşıdığından nişan aldıkları kişiye daima yazık olur."***

✓ ***"Arkalarından onları geçmek üzere gelen düşmanları Türkleri geçer ama sadece ölmekte. Onları yakalamak isteyen kendisi yakalanır. İzlemek isteyen bakmış ki kendisi izleniyor."***

Savaş çağrısı: Kırmızı ok

Savaşa karar verildi mi, kağan, boylara "**kırmızı ok**" yollar, onları savaşa katılmaya davet ederdi. Ordunun en önünde hükümdar yer alır, aktif olarak savaşa katılırdı. Bazen sayısı 400.000'e ulaşan Türk ordusu yüksek rütbeli, beyaz ata binen, sürekli ve isabetli karar veren 24 komutan tarafından yönetilirdi. Türk orduları verilen emre harfiyen uyardı. Disiplinden şaşmazdı. Hedefi vurmada karşı konulmaz güçtü. Profesyoneldi; adeta savaşmak için yaratılmıştı. Bu süreçte Türklerin programlı şekilde uyguladıkları, hayranlık uyandıran bazı savaş taktikleri vardı. Onlardan birini öğrenmeye ne dersiniz?

Kurtkapanı (Turan) Taktiği: Bu taktiğe göre ordu *sağ, sol kanat ve merkez* olmak üzere üçe ayrılır, sağ ve sol kanat pusuda bekler, merkez düşmana saldırırdı. Ardından yenilmiş gibi sahte şekilde geri çekilinir, düşman pusuda bekleyen askerlerin oluşturduğu alana çekilir, çembere alınır ve imha edilirdi. Türk tarihinin önemli savaşlarından *Malazgirt (1071), Niğbolu (1396)* ve *Mohaç (1526)* bu taktikle kazanılmıştır. **En ufak hatanın bile başarısızlık getireceği, müthiş bir iç disiplin ve fiziki güç gerektiren bu taktiği Türkler başarı ile uygulamışlardır.**

Türk buluşu: Onlu sistem

Bugün tüm dünyanın kullandığı bir sistemi ilk defa Türkler buldu diye heyecanlı bir giriş yapsam... Ne dersiniz? Hafızamızı biraz yoklayalım. Ne olabilir? Türk lokumu, Türk halısı, Türk hamamı... Değil. Peki 10'lu puan sistemi o da değil. Simidin yanında ayran içmek. Bu da cevap değil. Sizi fazla merakta bırakmadan söyleyelim: **Onlu Sistem!** Mete Han bu sisteme göre ordusunu onlu, yüzlü, binli, onbinli gruplara ayırdı. Başlarına birer komutan atadı. Aynen şöyle:

	Türk Devletlerinde Ordu Teşkilatı	
ASKER SAYISI	ASKERÎ BİRLİKLER	KOMUTAN İSİMLERİ
10.000	TÜMEN	TÜMENBAŞI 
1.000	TABUR	BİNBAŞI 
100	BÖLÜK	YÜZBAŞI 
10	TAKIM	ONBAŞI 

Bu sistem sayesinde orduda emirler hızla yerine getiriliyor, emir-komuta sağlanıyor, birlik ve beraberlik güçleniyor, disiplin artıyor devamında zaferler geliyordu.

Biliyor muydunuz?
Avrupa ordularındaki şövalyelerin, Türk süvarilerinden örnek alınarak kurulduğunu biliyor muydunuz?

Türk Kara Kuvvetlerinin kuruluş tarihi...

İlk düzenli ordu teşkilatını Mete Han meydana getirdiği için onun tahta çıktığı M.Ö. 209 aynı zamanda Türk Kara Kuvvetleri'nin kuruluş tarihi olarak kabul ediliyor. Görmek için hemen aşağıda paylaştığımız Türk Kara Kuvvetleri'nin brövesine bakabilirsiniz.

C) EKONOMİK FAALİYETLER:

İlk Türk devletlerinde temel ekonomik faaliyetler şunlardı: *Hayvancılık, tarım, madencilik, ticaret...* Şimdi bunların detaylarını görelim.

Hayvancılık

Türklerin en önemli ekonomik faaliyeti hayvancılıktı. Orta Asya'nın coğrafi şartları buna imkân tanıyordu. En fazla beslenen hayvan şüphesiz koyundu ve Türkler koyunun etinden, sütünden, yününden ve derisinden faydalanıyordu. Türklerin çok büyük koyun sürüleri bulunuyordu. Örneğin, 921'de buradan geçen Arap elçisi *İbn Fadlan* Türklerden bazı kişilerin binlerce koyuna sahip olduğunu yazmıştır. Sürülerin birbirine karışmaması için ***"tamga"*** denilen bir işaret sistemi kullanılmaktaydı. Hayvanlar yaylak ve kışlak arasında götürülüp getirilirdi. Yazın yaylalarda otlar, kışın ise soğuğa dayanaklı olmadığı için ağıllarda korunurdu. Koyunlar günlük olarak sağılır; elde edilen sütle peynir, ayran vb. yapılırdı. Peki çikolatalı süt? Henüz değil...

İhracat/ithalat

Türkler yetiştirdikleri koyunun büyük kısmını komşu ülkelere satarlardı. Bu koyunlar diğer ülkeler için özellikle etinin lezzetinden dolayı tercih edilirdi. Koyunların yünleri ise ilkbahar ve sonbahar olmak üzere yılda iki defa kırkılıyor yani kesiliyordu. Bu yünlerden kumaşlar dokunuyor ayrıca keçe, kepenek, yastık, yorgan vb. yapılıyor, derileri ise çarık, örtü vb. yapımında kullanılıyordu.

Türkler, dişisine inek; erkeğine ise öküz adı verilen sığır da besliyordu. Sığırların eti, sütü ve derisi dışında özellikle tarlayı sürmede ve kağnıyı çekmede gücünden de faydalanılıyordu. Ayrıca açlığa, susuzluğa oldukça dayanıklı olan deve de Türklerin özellikle yük taşımada kullanmak için tercih edip yetiştirdikleri bir hayvandı.

Tarım

Orta Asya'nın coğrafi şartları geniş çaplı bir tarım faaliyetine izin vermese de koşulları uygun olan yerlerde tarım faaliyetleri yürütülüyordu. Kök Türklerde her ailenin mutlaka bir tarlası vardı. Yani tarım önemli bir geçim kaynağıydı. Aynı şekilde Kök Türk kağanı Kapgan'ın Çin ile yaptığı bir antlaşmada, Çin'in Kök Türklere üç bin tarım aleti ile bin iki yüz elli ton tohumluk darı teslim etmesi maddesi yer alıyordu. Yapılan kazılarda, Hunlar zamanında açılmış sulama kanallarına rastlanmıştır. Öğrenmeye ne dersiniz?

Mühendislik harikası kanal: Tötö

Tötö Irmağı'ndan açılan kanal, burada tarımın yapıldığının kanıtıdır. Hunlar tarafından açılan ve Kök Türkler zamanında da kullanıldığı anlaşılan Tötö kanalının boyu 10 kilometreye yakındı. Yüksek mühendislik bilgisine dayanıyordu. Üstelik işlenmesi çok zor kayalık bir arazi üzerinde açılıp iki vadiyi birleştiriyordu. Ruslar 1935 yılına kadar bu kanalı kullanmışlardır.

Çölün altındaki mucize: Karız Su Kanalları

Uygurlar Dönemi'nde yapılan **Karız Su Kanalları** üst düzey bir matematik bilgisiyle dikkat çekmektedir. Yazın aşırı sıcaklara bağlı olarak suyun buharlaşmasını önlemek için yer altına inşa edilmişti. Böylece Tanrı Dağları'nın suları yerçekimi kanunu kullanılarak taşınmıştı. Çölün altına ağ gibi örülmüş, 110 metre derinliğindeki, 1,5 metre yüksekliğindeki, 60-70 cm genişliğindeki kanallar 416 farklı çıkış noktasıyla bozkırın ortasındaki kurak Turfan kentini tarım merkezi ve yemyeşil yapmıştı. Kanalın toplam uzunluğunu söyleyeceğiz şimdi. Sakın küçük dilinizi yutmayın! Tam 5272 kilometre! Çin Seddi kadar önemli kabul edilen ve görenlerde büyük hayranlık uyandıran bu kanallar Turfan kentinin (Çin) su ihtiyacını karşılamay de hâlâ ediyor.

Tarıgçılar...

Günümüzde Türkmenistan'ın başkenti Aşkabat yakınlarında Anav'da yapılan kazılarda 6.000 yıl öncesinden kalma kerpiç evler içinde arpayı una çevirmekte kullanılan bir çeşit değirmen olan taş *dibekler ve tahıl saklamada kullanılan çukurlar* bulunmuştur. Bu buluntular Türklerin çok eskiden beri tarım faaliyetleri ile meşgul olduklarını gösterir. Türklerde, tarımla meşgul olan kişilere ***"tarıgçı/tarıdacı"*** adı verilirdi. Bu insanlar, buğday, arpa ve çavdar yetiştirirdi. Ayrıca Çin kayıtlarında Türklerden aldıkları ürünler arasında

verilen bir buğday cinsi belirtilmiştir. Ayrıca
“pi iştirilen bir bakla (fasulye) türüne ***“Hun veya***
Çin ***klası”*** ismi verilmiştir. Üzüm, kavun ve karpuz da
Uy Türkler tarafından öğretilmiştir. Yine Kök Türkler
inde Çin'den vergi olarak 1250 ton tohumluk buğday
00 adet tarım aleti alınmıştır.

Tarım süreci

Ahşaptan veya demirden yapılan ve genellikle öküz tarafından çekilen ***sabanla*** tarla sürülüyor, tohum ekiliyordu. Yetiştirilen ürünler hasat zamanında ***“orak”*** ile biçiliyor, belli bir yere taşınıyor, ***“düven”*** ile sap ve tane birbirinden ayrılıyor. Ardından taneler kol veya su gücüyle çalışan değirmenlerde öğütülüyor ve un hâline getiriliyordu. Yani ürünler “el değmeden” değil “el değerek” üretiliyordu.

EĞLENCELİ TARİH-TARIM ALETLERİ GÖRSELLERİ REHBERİ

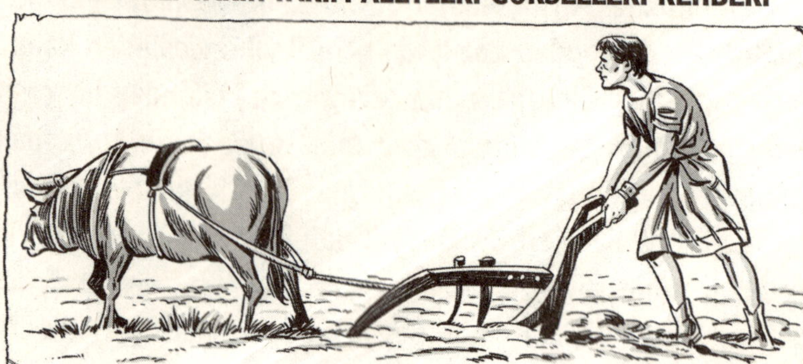

Saban

Orak

Düven

MERAKLI TARİHÇİNİN BİLGİ KUTUSU:

Kepenek: Çobanların omuzlarına aldıkları dikişsiz, kolsuz, keçeden yapılma giysidir.

Keçe: Keçi kılının dokunmadan yalnızca dövülmesiyle elde edilen kaba kumaştır.

Ticaret

Ticaret için özellikle Türk-Çin sınırında yer alan şehirlerde pazarlar kuruluyor ve ürünler el değiştiriyordu. Bu sayede Türkler bolca gümüşe ve ipeğe kavuşuyordu.

Türklerin Sattıkları Ürünler	Türklerin Aldıkları Ürünler
Canlı hayvanlar, değişik madenlerden yapılmış kap kacaklar, yünden yapılmış örtüler, çiçekli ve işlemeli kumaşlar, keçe ve deriler, yağ, bal, misk, zırh, kalkan, kılıç, topuz vb. silahlar.	İpekli kumaşlar, değerli taşlar, hububat, giyim eşyaları, yada taşı...

Bir soruya ne dersiniz?

Türkler tarafından üretilen aşağıdaki ürünlerden hangisi her yerde aranıyordu?

a. Türk lokumu

b. Türk halısı

c. Türk kilimi

d. Türk mangalı

Cevap: Türk demirciler tarafından üretilen mangallar herkes tarafından aranan ürünler arasındaydı. Bu kömür mangalları bronzdan yapılıyordu ve üzerinde zarif süslemeler yer alıyordu. **Cevap D.**

uydunuz?

n ve diğer devletlerin Çin'den aldıkları ürünler arasın-
alan “yada taşı”nın yağmur ve kar yağdırabildiğine,
çıkarabildiğine ve gücü simgelediğine inanılan sihirli bir
lduğunu biliyor muydunuz?

Madencilik

Türkler tarihte demiri ilk işleyen milletlerden biridir. **Demir, Türklerin dünya uygarlığına bir hediyesidir.** Onlar, Altay dağı eteklerinde işledikleri demir madeni ile kabzalarına hayvan figürleri işlenmiş muhteşem kılıçlar, kalkanlar, temrenler (ok uçları), sadaklar (ok kutuları), zırhlar yanı sıra kemer tokaları, kayış uçları, tabaklar, maşrapalar, heykeller yapıyorlardı. Türkler arasında ekonomik faaliyet olarak sadece demirciliği benimsemiş boylar bulunuyordu. Örneğin Kök Türkler, demiri işleyip silah üretip satıyordu. Türkler sadece demiri değil aynı zamanda altın, gümüş, bakır vb. madenleri de işlemiş farklı araç ve gereçler üretmişlerdir. Altın İşleme Türklerde sık görülmüştür. Pazırık Kurganında Hunlardan kalma 4000 altın levha bulunmuştur. Tonyukuk'un anıt mezarında bulunan ve bugün nerede olduğu bilinmeyen *altın eyer* bunlar arasında bir şaheserdir. Çinli bir seyyah bu konuda şunları yazmıştır: ***"Türkler, usta sanatkârlardır. Onlar altın, gümüş, bakır ve demir kap yapımında çok ustadırlar."*** Türkler aynı zamanda ürünlerini saklamak için keramik (toprak kap) yapımında oldukça ustalaşmışlardır.

Tarihin en eski kara yollarından: İpek Yolu

Tarihin en eski kara yollarından biri olan İpek Yolu, ülkeler arası ilişkilerde önemli rol oynamıştır. Bu yol bildiğiniz gibi trafik işaretli, çift şeritli, otoban benzeri bir yol değildi. Binlerce yılda doğa şartlarının oluşturduğu bir yoldu. Vadilerden, geçitlerden, nehirlerden, çöllerden geçiyor, kervanların konaklamasına uygun vahalardan oluşuyordu.

Çin'den başlayan İpek Yolu, Orta Asya'yı baştan başa geçip Doğu Akdeniz kıyılarına kadar ulaşıyordu. Güzergâh üzerinde zamanla ticaretle zenginleşen kentler kurulmuştu: *Hami, Turfan, Kaşgar, Semerkant vb.* gibi... Özellikle Turfan kentinde birçok ticaret kolonisi vardı.

Sadece bir ticaret yolu değil...

İpek Yolu'na sadece bir ticaret yolu olarak bakmak yanlış olur. Süreç içerisinde **tarihî bir ticaret yolu olan İpek Yolu toplumlar arası siyasi, kültürel ve ekonomik ilişkilerde önemli rol oynamıştır.** Göç eden Türk boyları İpek Yolu'nu izleyerek farklı coğrafyalara gitmişlerdir. Bu yoldan sadece tüccarlar değil elçiler, gezginler, din adamları vb. kişiler de gidip gelmiştir. Bu yönüyle yol aynı zamanda doğu-batı arasında bir kültür köprüsü olmuştur. *Dinler, diller, edebi eserler, müzikler, mimari anlayışlar, kıyafetler, yemekler, savaş araçları vb.* bu yolla tanınmıştır. Örneğin; Çin'in icat ettiği *barut, kâğıt, pusula* ve *matbaa gibi* buluşlar dünyaya bu yol üzerinden yayılmıştır. Aynı şekilde farklı dinler *(Budizm, Maniheizm, Hristiyanlık, Musevilik, İslamiyet vb.)* bu yol vasıtasıyla farklı sahalarda taraftar bulmuştur. Çin'den en çok taşınan ürünün ipek ve ipekli kumaşlar olması dolayısıyla bir Alman coğrafyacı tarafından *"İpek Yolu"* adı verilen bu yolun rotası üzerinde yaz-kış demeden çok canlı bir ticaret hayatı sürmüştür. Yaygın olarak develerin kullanıldığı, haydut saldırısına karşı silahlı korumaların eşlik ettiği kervanlarla sadece ipek değil; *değerli taşlar, kumaşlar, kıyafetler, porselenler, madeni eşyalar, baharatlar, tahıllar, canlı hayvanlar, deriler, kürkler* vb. taşınmış, alışveriş yapılmıştır. Özellikle seramik kaplar Çin'in ulaştığı ustalık sayesinde, içlerinde baharat, kıymetli mücevherler, ilaçlar taşınması için özel bir teknikle imal edilmiştir.

İpek Yolu için çetin mücadele

İpek Yolu yaklaşık 1000 yıl boyunca Türk devletlerinin kontrolünde olmuştur. İpek Yolu'nu elinde tutan ülkeler, tüccarlardan *"geçit"* ve *"koruma"* vergisi adı altında gelir

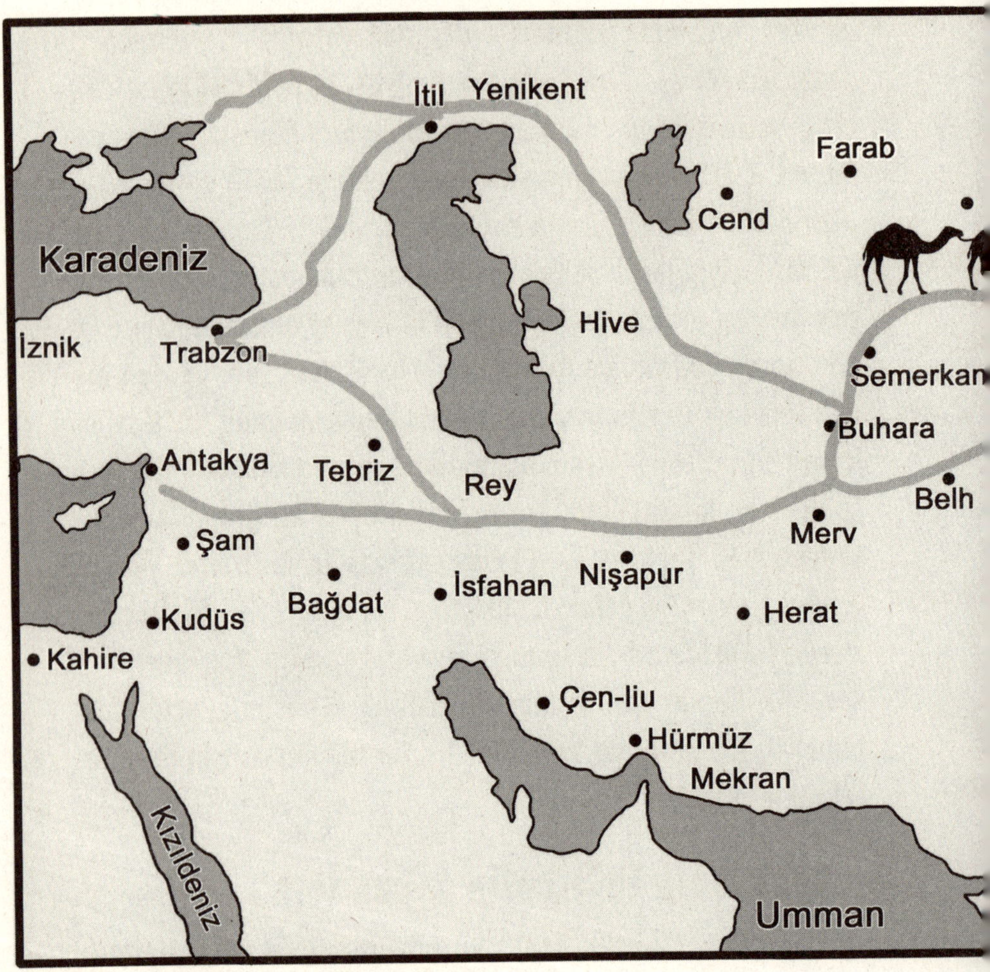
İtil
Yenikent
Farab
Cend
Karadeniz
Hive
İznik
Trabzon
Semerkan
Buhara
Antakya
Tebriz
Rey
Belh
Merv
Şam
Nişapur
İsfahan
Bağdat
Herat
Kudüs
Kahire
Çen-liu
Hürmüz
Mekran
Kızıldeniz
Umman

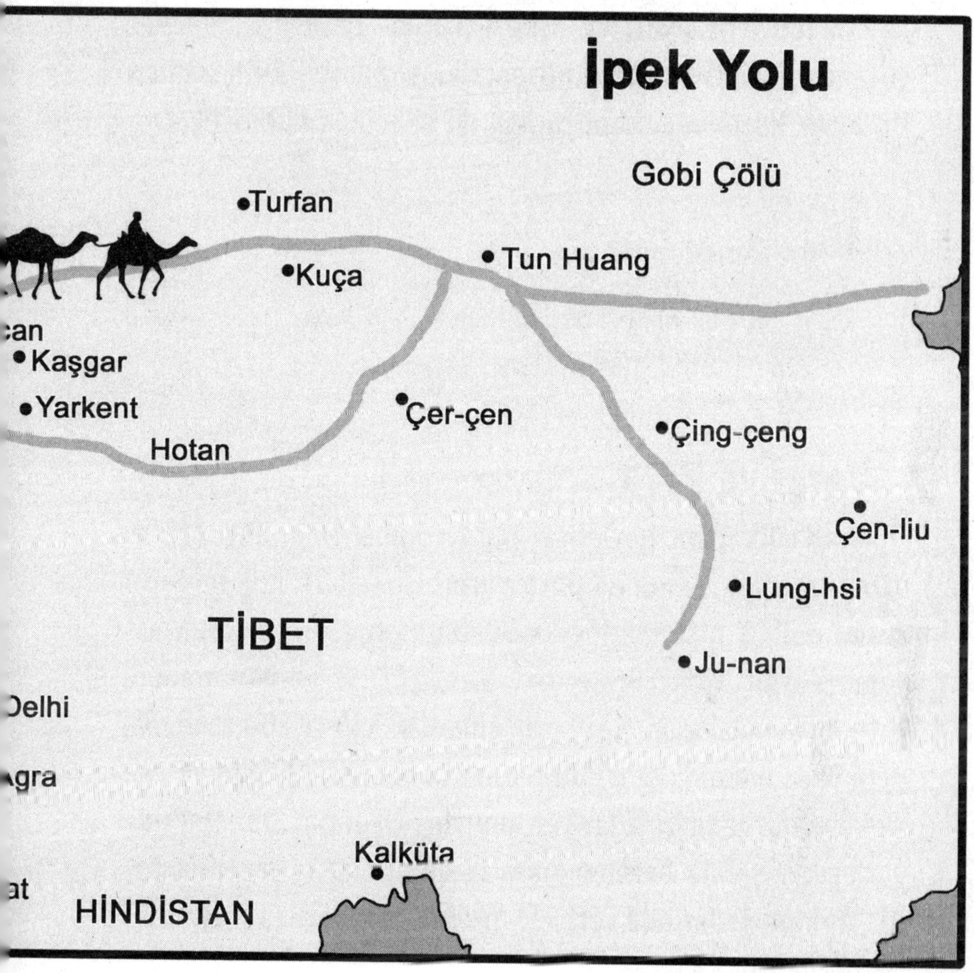

İpek Yolu
Gobi Çölü
Turfan
Kuça
Tun Huang
Kaşgar
Yarkent
Hotan
Çer-çen
Çing-çeng
Çen-liu
Lung-hsi
TİBET
Ju-nan
Kalküta
HİNDİSTAN

elde etmiştir. İpek Yolu'nun zengin bir gelir kaynağı olması ülkeler arasında önemli bir rekabet oluşturmuştur. Yolun hâkimiyeti için siyasi ve askeri alanda çetin mücadeleler yaşanmış; **kimi zaman antlaşmalar yapılmış, kimi zaman ittifaklar kurulmuş, kimi zaman da silahlar çekilmiştir.**

Biliyor muydunuz?
*Bu dönemde, Hazar Denizi'nin çevresinden başlayıp Çin'e kadar uzanan **Kürk Yolu** adı verilen bir ticaret yolu daha olduğunu biliyor muydunuz?*

Vergi ve Para...

Acaba ilk Türk devletleri parayı kullanıyor muydu? Cevabımız, evet... Hunlar para yerine üzerinde hükümdarın resmî mührü bulunan ipek ve pamuk parçaları ile alışveriş yapmışlardır. Kök Türkler ise ***"yarmak"*** adı verilen madenî para kullanmışlardır. Kazılarda onlardan kalma 104 tane madeni para bulunmuştur. Bu paraların üzerinde kağan ve eşi, ay ve yıldız kabartmaları yer almıştır. Uygurlar Dönemi'nde yerleşik yaşamla beraber para çeşidinde artış yaşanmıştır. İlk Türk devletlerinde vergiler ***"tudun"*** adı verilen memurlar tarafından toplanmıştır.

D) DİN VE İNANIŞ

İlk Türk devletlerinden Hun ve Kök Türklerin dini inanışı Gök Tanrı idi. Bu kavram hem yeryüzünü hem de gökyüzünü yaratan "ulu bir varlığı" simgelemek için kullanılıyordu. Kök Türk Yazıtlarında bu durum ***"Üstte mavi gök, altta yağız yer yaratıldığında, ikisinin arasında kişioğlu yaratılmış"*** şeklinde belirtilmiştir. Gök Tanrı inancında tek Tanrı anlayışı hâkimdir. Gök Tanrı sınırsız güce sahiptir; gökyüzünü, yeryüzünü, insanoğlunu, canlı-cansız varlıkları O yaratmıştır. Şafağı söktüren, rüzgârı estiren, bulutları sürükleyen, bitkileri yeşerten O'dur. Varlıklara can vermek ve canlarını almak onun takdirindedir. Gök Tanrı inancının bazı temel özellikleri şunlardır:

- *Hırsızlık, yalancılık, adaletsizlik yasaklanmıştır.*
- *Ahiret inancı hâkimdir. İyi insanların ödül olarak uçmağa (cennet), kötülerin ise ceza olarak tamuya (cehennem) gideceğine inanılır.*
- *Temizliğe büyük önem verilmiştir. (Çin kaynaklarında Hunların günde üç kez banyo yaptıklarına dair bilgiler vardır.)*
- *Yılın belli dönemlerinde Tanrı için kurban kesilir.*
- *Farklı inanışlara hoşgörülü bir bakış söz konusudur.*

Biliyor muydunuz?
Gök Tanrı inancının İslamiyet ile benzer özelliklere sahip olmasının Türklerin İslamiyet'e girişlerini kolaylaştırdığını biliyor muydunuz?

Uygur dini: Maniheizm

Maniheizm dini, Mani (216-277) adlı bir din adamı tarafından yayılmıştır. İran'da doğan din, İpek Yolu üzerinden Çin'de yayılma sahası bulmuştur. Birçok dinin öğretilerini kendinde toplayan karma bir inanç olan Manihaizm'in temel amacı *"insanları kötülükten korumak"*tır.

Şamanizm

Orta Asya'nın coğrafi koşulları Türklerin doğa ile bütünleşmelerini sağlamıştı. Bunun doğal bir sonucu olarak *güneş, ay, yıldız, dağ, kaya, orman, yer, su vb.* kutsal sayılırdı. Bu varlıkların aynı zamanda içinde bir ruh taşıdığına inanılır ve bunlara ayrı bir sevgi duyulur ve saygı beslenirdi. Güneşin doğudan doğmasına bağlı olarak hükümdarlar tahtlarında doğuya dönük olarak oturur, sabah otağlarından çıktıklarında güneşi, gece ise ayı selamlarlar; gece saldırıya geçmek içinse dolunayın çıkmasını beklerlerdi. Göğe yakın olduğu için dağlarda Tanrı için kurban kesilir ve dua edilir, kötü ruhlardan arınmak ve temizlemek için ateşin üzerinden atlanır, ağaçlar dikilerek ormanlar oluşturulur, saflığın ve temizliğin sembolü olan su kaynakları korunurdu. Bu inanışlara ***"Şamanizm"*** adı veriliyordu.

Cenaze törenleri

İlk Türk devletlerinde kişilerin ruhunun ölümünün ardından bir kuş gibi uçup gittiğine inanılırdı. Bunun için ölen kişiler için ***"uçtu, uçmağa vardı"*** gibi ifadeler kullanılmıştır. Şamanizm'in bir yansıması olarak ilk Türk devletlerinde yaşayanlar, ölen atalarının ruhlarının kendilerini ziyaret ettiklerine inanırlar ve onları memnun etmek ve hatıralarına saygı duymak için zaman zaman kurban keser, mezar odaları yapar ve ***"ölü aşı"*** denen yemek verirlerdi. Gömme işlemi için normal yol tercih edildiği gibi bazen kağanlar için mumyalama işlemi yapılırdı ve ilginç bir şekilde yazın hayatını kaybedenler sonbaharda, kışın ölenler ise ilkbaharda gömülürdü. Bunun nedeni Gök Tanrı inancıyla birlikte yeni kurganların inşasını bekleme zorunluluğuydu. Ölen kişiler için ***yuğ*** adı verilen bir cenaze töreni düzenlenirdi. Ölüler, birkaç odalı, çevresi tomruklarla çevrili ve üzerine toprak yığılarak tümsek hâline getirilmiş ***kurgan*** adı verilen mezarlara konulurdu. Törende *yuğcu* denen kişiler ağlar, *sığıtcı* denilen kişiler yas tutar, ayrıca mezarın etrafında *yedi defa* dönülürdü. Ölümden sonra yaşama inanan yani ahiret inancı olan Türkler ölülerini eşyalarıyla birlikte gömerlerdi. Örneğin; Orta Asya Türklerine ait bir mezardan hayvan figürleriyle işlenmiş gümüş levhalar, eyer takımları, üç ayaklı masalar, çeşitli ahşap eşyalar, tunç kazanlar, seramik eşyalar, renkli cam boncuklar, çatal gibi kullanılan çubuklar, araba tekerlekleri, mücevherler, elbiseler vb. çıkarılmıştır.

Balbal

İlk Türk devletlerinde mezarın başına o kişinin sağlığında öldürdüğü düşman sayısınca ***"balbal"*** adı verilen taşlar dikilirdi. Eski Türk inancında bu taşlar ölen kişiye cennette hizmet edecek olan kişileri simgelerdi.

Halk bilgesi: Kamlar

İlk Türk devletlerinde ***"kam"*** adı verilen kişiler vardı. Bir anlamda "sihirbaz" ve "hekim" olarak nitelenen, özel yetenekleri bulunan, bilgi ve tecrübeyle donanmış olan bu kişiler özel kıyafetleri ile dikkat çekerler, ıssız yerlerde dolaşırlar, özel başlıklar takarlar ve özel bir davul çalarlardı. Ayrıca kamlar, hükümdarlar tarafından manevi destek için seferlere götürülürdü. Böylece kamların düşmanın üzerine fırtına çıkartmalarını, kar ve dolu yağdırmalarını isterlerdi. Ayrıca kamlardan düğün, kurban, ölüm ve doğum gibi toplumsal olaylarda dua etmeleri talep edilirdi. Hastalıkların iyileşmesi, kötü ruhların kovulması, ava gitmeden önce avın bereketli geçmesi, koyun sürülerinin kurt saldırılarından korunması için yine kamlara başvurulurdu.

E) EĞİTİM, KÜLTÜR, BİLİM VE SANAT:

Haydi okula!

İlk Türk devletlerinde henüz okul kavramı olmadığı için eğitim aileler tarafından verilmiştir. Çocukların öncelikle *ahlaklı, terbiyeli, iyi, cömert, erdemli, sorumlu, yetenekli, güçlü-kuvvetli ve bilge kişiler* olması için çaba sarfedilmiştir. O devirde müfredat olsaydı programda şunlar yer alırdı:

- *Çocukların deneyim elde etmesini sağlamak.*
- *Hayatı kolaylaştıracak bilgiler vermek.*
- *Askerlik yeteneği kazanmasını sağlamak.*
- *Milli ve manevi değerleri öğretmek.*
- *Aile terbiyesi almalarını, nazik insan olmalarını sağlamak.*

- *Şahsiyet kazandırmak.*
- *Milli kimliklerinin farkına varmalarını sağlamak.*

Görüldüğü gibi günümüz müfredatının temelinde yer alan *"değerler"* o devirde de öğretiliyor; *"yetkinlikler"* ve *"beceriler"* kazandırılıyordu. Çocuklara karne verilmiyordu ama bu kazanımları edinip edinmedikleri her obada yer alan ve "tarihi hafıza", "ayaklı ansiklopedi", "deneyim deposu" olan tonton ***"Aksakallı"*** adı verilen bilge yaşlı kişiler tarafından denetleniyordu. Ne güzelmiş değil mi? Dikkat çeken diğer bir husus da şudur: Arkeolojik kazılarda bulunan çanak, tabak, küpe, yüzük, kemer ve kemikten yapılma eşyalar üzerinde yazıların yer alması halkın okur-yazarlık düzeyinin yüksek olduğunu, havalı bir tabirle söylersek entellüktel yapının fazla olduğunu göstermiştir. Buna benzer şekilde dikilen çok sayıda yazıt da bir "ders kitabı" işlevi görerek dönemin çocuklarına tarih bilinci kazandırmış ve ibret vermiştir. Uygurlar döneminde ise eğitim sistemli hâle gelmiştir. Uygurlar'da yazıcı, bürokrat ve öğretmenlerin olması bize bunu açıklar. Yapılan çalışmalar, Uygurlar'da 23 okulun olduğunu ortaya koymuştur. Uygurların eğitime önem vermelerini şu atasözünden de anlamak mümkündür: ***"Çocuğunu öğretmene ver, ondan alıp saraya ver."***

Yazı

Yapılan araştırmalar Kök Türklerin 5. yüzyıldan itibaren kendi yazı sistemlerini kullandığını göstermiştir. Harflerinin simgeleri Türklerin kullandığı damgalara benzeyen Kök Türk alfabesinde ileride verdiğimiz tabloda da göreceğiniz gibi; "k" harfi ok işaretiyle, "s" harfi süngü işaretiyle, "y" harfi yay şeklinde olan "D" simgesiyle gösterilmiştir. Bu alfabe daha çok taş, deri vb. üzerine kazınarak yazılmıştır. 7. yüzyılda 160 olan harf/simge sayısı, 8. yüzyılda 4'ü sesli 34'ü sessiz olmak üzere 38'e kadar düşmüştür ki bu 38 harf ile

Türkçe'nin bütün ses özelliklerini karşılamıştır. Kök Türk alfabesi ile yazılar sağdan sola doğru yazılmış ve kelimeler birbirinden ayrılması için üst üste iki nokta işareti (tamga) kullanılmıştır. Kök Türk yazıtları bu 38 harf ile yazılmıştır.

Tıpkı Kök Türkler gibi Uygurlar da kendilerine ait 18 harften oluşan bir alfabe kullanmışlardır. Bu alfabe 3'ü ünlü, 15'i ünsüz harften oluşmuştur. Uygur alfabesi soldan sağa doğru yazılırdı ve her harfin kelimenin başındaki, ortasındaki ve sonundaki yazımı farklıydı.

Sıra sizde!

"Eğlenceli Tarih"ten büyük hizmet! Aşağıda yer verdiğimiz Kök Türk alfabesinden yararlanarak kendi isminizi yazabilirsiniz.

ÜNSÜZLER		
Orkun		Latin
Kalın	İnce	
𐰉	𐰋	B
𐰑	𐰓	D
𐰍	𐰏	G
𐰴	𐰚	K
𐰞	𐰠	L
𐰣	𐰤	N
𐰺	𐰼	R
𐰽	𐰾	S
𐱃	𐱅	T
𐰖	𐰘	Y

BÜTÜN ÜNLÜLERLE KULLANILANLAR	
Orkun	Latin
𐰲	Ç
𐰢	M
𐰯	P
𐱁	Ş
𐰔	Z

ÜNLÜLER	
Orkun	Latin
𐰀	A - E
𐰃	I - İ
𐰆	O - U
𐰇	Ö - Ü
𐰅	É

ÇİFT SESLİLER	
Orkun	Latin
𐰶	IK - K - KI
𐰱	İÇ - Çİ
𐰸	OK - UK
𐰜	ÖK - ÜK
𐰡	LD - LT
𐰨	NÇ
𐰦	ND - NT
𐰭	NG
𐰪	NY

SÖZCÜK AYIRMA TAMGASI
:

Kök Türk Alfabesi ile isminiz:
....

Destanlar

İlk Türk devletleri hakkında önemli bilgileri destanlardan öğreniyoruz. Tarihte kahramanlarla ilgili olağanüstü olayları, afetleri, savaşları, göçleri vb. konu alan şiir olarak tanımlayabileceğimiz destanlar, milletlerin kültürlerini yansıtır, kahramanlıklarını ön plana çıkararak halkın kendine güven duymasını, milli benliklerinin farkına varılmasını sağlar. Bir millet ne kadar destana sahipse o kadar zengin tarihe sahiptir. Tıpkı Türkler gibi. Bu doğrultuda tarihleri 5000 yıl öncesine dayanan **"dünyanın en eski milletlerinden"** biri olan Türklere ait çok sayıda destan vardır. Ama bu destanlar sözlü edebiyata ait olduğu ve hiçbir zaman yazıya geçirilemediği için parçalar ve özetler hâlinde günümüze ulaşmıştır. **Bu destanlar, Orta Asya'da kurulan İlk Türk devletlerinin coğrafi, siyasal, ekonomik ve kültürel özelliklerine ilişkin bilgiler verir.** Şimdi bu destanlardan bazılarını öğrenmeye ne dersiniz?

Oğuz Kağan Destanı: Büyük Hun Devleti'ne ait olan bu destandaki Oğuz Kağan'ın Mete Han olduğu düşünülmektedir. 8. yüzyılda bir Uygur ozanı tarafından kaleme alınan bu destanın orijinali günümüzde Fransız Milli Kütüphanesi'nde yer almaktadır. Destanda Oğuz Kağan'ın doğumu, çocukluğu, gençlik yılları, evlenmesi, bir canavarla savaşıp milletini kurtarması, hükümdar olması, dünyayı fethetmek için yola çıkması ve ülkesini çocuklarına bırakması anlatılır.

Ergenekon Destanı: Kök Türklere ait bir destandır. Düşman tarafından hile ile yenilgiye uğratılan Türklerin, Ergenekon Ovası'na çekilmesini; ardından çoğaldıktan sonra dağı eritip Ergenekon'dan çıkıp eski yurtlarına dönüp düşmanları ile mücadele etmelerini anlatır.

Göç Destanı: Uygurlara ait bu destanda Uygurlar için kutsal sayılan "Kutlu Dağ" adı verilen bir taşın Çinliler tarafından etrafında odun yakıldıktan sonra üzerine sirke dökülerek parçalanmasını, bunun ardından parça parça Çin ülkesine taşınmasını, bu gelişme üzerine Uygurların göç etmesini, yeni bir yer bulup burada konaklayıp çoğalmaları anlatılır.

Savlar ve sagular

İlk Türk devletlerinde sözlü edebiyat çok gelişmiştir. ***Sav*** adı verilen atasözleri ve ölenlerin ardından yapılan ağıtları içeren ***sagular*** ve ***koşuk*** adı verilen şiirler zengin bir kültürün elçileri olarak günümüze kalmış miraslardır. Günümüzde

kullandığımız çoğu atasözü o dönemdeki atalarımızın deneyimlerini bize aktarmaktadır.

Bozkır kültürü

Orta Asya'daki coğrafi şartlar Türklerin bozkır kültürünü oluşturmalarını sağlamıştır. Bozkır kültürünün en önemli ögeleri ***at, demir, çadır*** ve ***kilimdir.*** Türkler bu zorlu coğrafyayı kendi lehlerine çevirmişler ve kendilerine özgü bir kültür oluşturmuşlardır.

Biliyor muydunuz?
Bilinen ilk askerî müzik topluluğunu Hunların kurduğunu biliyor muydunuz?

Müzik

Çin kaynakları 28 çeşit Hun halk türküsünden bahsetmiştir. Çinlilerin ifadeleriyle son derece "renkli, hayata bağlı, hereketli, neşeli ve canlı" insanlar olan Türkler, müzik çalarken milli çalgıları *kopuz* başta olmak üzere *mızıka, davul, tef, zil ve kaval* gibi enstrümanlardan yararlanmıştır. Özellikle kopuz eşliğinde kahramanlık hikâyeleri, hatıralar, şarkılar söylenmiş, bu konserler bir anlamda ruha ve gönle huzur vermiştir. Uygur Dönemi'nde Doğu Türkistan, **"şarkı ve dans mekânı"** olarak tanınmıştır. Uygurların saz çeşitleri ve şarkıları diğer milletleri de etkilemiştir. "O Ses" yarışması o dönemde olsaydı Uygurlar ses performansları ile dikkat çekerdi, şüpheniz olmasın.

Biliyor muydunuz?
Geleneksel bir Türk çalgısı olan kopuzun farklı isimlerle (koboz, kubos, kobzo, kopus) birçok ülkede kullanıldığını biliyor muydunuz?

Sanat

Hunlar ve Kök Türkler göçebe yaşam tarzının bir sonucu olarak taşınabilir sanat eserleri yapmışlardır. Uygur döneminde ise Türk sanatı büyük gelişim göstermiştir. Yerleşik yaşamın etkisi ile Uygurlar mimari, resim ve heykel alanında çok sayıda eser vermişler kendilerinden sonraki dönemi de etkilemişlerdir. Bazı Uygur resimleri günümüzde 3D yani "üç boyutlu" olarak bilinen teknikle oldukça hareketli ve canlı çizilmiştir. Uygur Dönemi'nde en dikkat çeken eserler ***"fresk"*** adı verilen ve yaş sıva üzerine yapılan duvar resimleridir. Bu fresklerde gündelik yaşama, avlara, dini hayata ait sahnelere ve kişisel portrelere yer verilmiştir. Özellikle Uygurların, *Bezeklik* bölgesindeki (Çin) mağaralarda içiçe geçmiş 40 tapınağa işledikleri muhteşem freskler dikkat çekmiş, Alman bilim insanları bunları sökerek götürmüş ve maalesef günümüzde Berlin Etnoğrafya Müzesi'nin duvarlarını süslemektedir. Geri kalan freskler ise II. Dünya Savaşı'nda atılan bombalarla büyük zarar görmüş ve geriye ise sadece Uygurların kitaplara bastıkları minyatürler kalmıştır.

Dünyanın eski halılarından

Türkler; *marangozluk, kilimcilik, çorapçılık, yorgancılık, kuyumculuk, kakmacılık, dericilik, keçecilik ve halıcılık* alanında oldukça gelişmişlerdir. Bunlar arasında dericilik hayvancılığa bağlı olarak çok gelişmiştir. Yine bu meslek dalları arasında özellikle halıcılık ayrı bir yere sahiptir. Hayvan yünlerinden elde edilen ipler ağaç köklerinden elde edilen boyalarla renklendirilmiş ve bu iplerle "el emeği göz nuru" dokumalar yapılmıştır. Bu dokumalar üzerine bozkır yaşamının ve Şamanizm'in etkisiyle *hayvan figürleri* işlenmiştir. Bunlar arasında elimize ulaşan dünyanın en eski halılarından biri olan **Pazırık Halısını** estetik ve zarif özellikleriyle size tanıtmak istiyoruz. Eminiz siz de hayran olacaksınız. Buyurunuz efendim:

Pazırık Halısı'nın, MÖ III. yüzyılda Asya Hun Türkleri tarafından dokunduğu kabul edilmektedir. Rus Arkeolog C.I. Rudenko tarafından 1947-1949 yılları arasında Sibirya'da Altay Dağları eteklerinde, Türklere ait Pazırık kurganındaki oda şeklindeki mezardan çıkarılmıştır. Oda mezarının içine su dolup buzullaşması sonucu bugüne kadar gelmiştir. Günümüzde ise Leningrad Ermitaj Müzesinde (Rusya) sergilenmektedir.

Yün malzeme ile dokunan halı yaklaşık olarak 1.89x2 metre ebatlarındadır.

Halı, hâlen kullanılan Türk düğüm tekniği (Gördes düğümü) ile dokunmuştur. Halıda 36.000 düğüm vardır.

Türkler dokudukları halılarda geyik figürlerini sık sık kullanmışlır. Çünkü Türklerde geyik, yerin ve göğün simgesi olarak görülmüş; geyiğin, ruhları öteki dünyaya taşıdığına inanılmıştır. Geyik sembolü uzun yıllar Anadolu'da evlerin duvarını süslemiştir.

Halıda, kırmızı fon üzerine işlenmiş yirmi dört kare çerçeve yer almaktadır. Her karenin içine "Hun gülü" denilen soyut kompozisyonlar işlenmiştir

Halıya, Hun süvari figürleri, son derece başarılı bir şekilde dokunmuştur.

Sonsuza dek: Bengü Taş

Orhun Vadisinde Kök Türklerden kalma çok sayıda insan, koç ve kaplumbağa başlı heykeller bulunmuştur. Bu heykellerin büyük kısmının başı yoktur. Moğollar heykellerden korktukları için başlarını koparmışlardır. Biri onlara heykellerin cansız olduğunu söylemeliydi! Yazıtlar, Türklerin ***Bengü [Ölümsüz] Taş*** adı verdikleri kaplumbağa biçimli kayaların üzerine dikilmiştir. Kaplumbağa tercih edilmesinin nedeni bu hayvanın çok uzun süre yaşamasına gönderme yaparak bu yazıtları bir anlamda *ebedi yani ölümsüz* yapmak istemektir. *"Bengü" İngilizce'deki "Forever"ın veya ∞ işaretinin tam karşılığıydı.*

Türk Tarih Kurumunun girişimleri ile yapılan kazılarda bulunan 4500'den fazla eser bugün Moğolistan'ın başkenti Ulan Batur'daki "Ulusal Tarih Müzesi"nde sergilenmektedir.

Bilim

Özellikle Uygurlar Dönemi'nde bilimsel çalışmalar hız kazanmıştır. Çiçek hastalığına karşı aşı, soğan ve sarımsaktan ise ilaç yapmaları ulaştıkları bilimsel düzeyi göstermektedir. Yapılan kazılarda **"TID 120"** kodu ile sınıflandırılmış bir Uygur tıp kitabı da bulunmuştur. Bu kitapta *körlük, göze pus inmesi, baş ağrısı, kulak hastalıkları, kalp ve deri hastalıkları* hakkında bilgilere yer verilmiştir. Türklerin ayrıca bazı ölülerini mumlayarak gömmeleri tıp ve kimya biliminde ileri bir seviyeye ulaştıklarını kanıtlamaktadır.

Uygur matbaası

1900'lerde Turfan bölgesinde yapılan kazılarda Uygurlardan kalma şimşir ağacından yapılmış kalıplar bulunmuştur. Onların matbaayı kullanmaları çok büyük bir keşiftir. Bazı uzmanlar dünyadaki en eski matbaa harflerinin Uygurlara ait olduğunu söylerler. Hatta *"kağıt"* kelimesinin Uygurcadan geldiğini iddia ederler. Uygurlar, matbaa kullanmak için kağıt yapımında da ustalaşmışlardı. Pamuktan elde ettikleri tomar şeklinde kağıtlardan siyah ve kırmızı mürekkeple kitaplar hatta kendi paralarını da basmışlardır. **Uygurlar döneminde sayısı onbine yaklaşan yazma eserler de verilmiştir. Yine kazılarda Uygurlardan kalma kütüphaneler bulunmuştur.**

On İki Hayvanlı Türk Takvimi

Türkler, astronomi bilimiyle ilgilenmişler, gökyüzünü incelemişlerdir. Bunun sonucunda iklim şartlarını ve değişkenliğini belirtmek, hem ekip biçme zamanını hem de yaylağa çıkma ve kışlağa inme zamanını tespit etmek amacıyla **On İki Hayvanlı Türk Takvimi**'ni kullanmışlardır. Güneş yılını esas alan bu takvimde her yıl bir hayvan adıyla isimlendirilmiş; bir yılda on iki ay yer almış ve on iki yıllık zaman dilimi bir "devir" kabul edilmiştir. Her yıl on iki aydan, bir ay dört haftadan ve 30 günden oluşmuştur. Aylar "birinç, ikinç, üçünç..." şeklinde sıralanmıştır. Yılların 22 aralık tarihinde, günlerin ise gece yarısı başladığı bu takvimde bir yıl; 365 gün, 5 saat, 50 dakika, 47 saniye olarak belirlenmiştir. Gördüğünüz gibi takvim çok gelişmiş bir sisteme sahipti. Bu takvimde yer alan hayvan isimleri sırasıyla şöyledir: *1-Sıçkan (Fare) 2-Ud (Sığır) 3-Pars 4-Tabışkan (Tavşan), 5-Lu (Ejder) 6-Yılan 7-Yunt (At) 8-Koy (Koyun) 9-Biçin (Maymun) 10-Takagu (Tavuk) 11-İt 12-Tonguz (Domuz).* Türkler, mevsimlere ise şu isimleri vermişlerdir: *Oğlak Ay (İlkbahar), Uluğ Oğlak*

Ay (Yaz), Uluğ Ay (Sonbahar), Ay (Kış)... Bu takvime göre dünyanın yaşı bile hesaplanmıştır: 3.600.000... Kök Türk Yazıtlarında da On İki Hayvanlı Türk Takvimi'nden bahsedilmiştir.

F) SOSYAL YAŞAM

Toplumun temeli: Aile

İlk Türk devletlerinde günümüzde olduğu gibi toplumun en küçük birimi aileydi. Türkler aileye büyük önem verirlerdi. Çocuklar özel olarak yetiştirilir, doğunca ona bir isim verilir ama ***"er adı"*** verilen asıl ismi için kendisinden bir kahramanlık yapması, başarı kazanması, bir cesaret örneği göstermesi beklenirdi. Bu başarının sosyal medyada en fazla "like" almakla, oyunlarda en fazla "level" atlamakla ilgisi olmadığını özellikle hatırlatıyoruz.

EĞLENCELİ TARİH-İLK TÜRK DEVLETLERİ POPÜLER İSİMLER SÖZLÜĞÜ			
İsim	**Anlamı**	**İsim**	**Anlamı**
Alp, Bahadır, Batur, Kapgan	Fetheden	*Sancar*	Mızrak saplayan
Bozan	Düşmanı dağıtan, parçalayan	*Sökmen*	Düşman saflarını söken
Tığrak	Yiğit	*Boldacı*	Kendisinden iyilik beklenen, cesur
Alpagut	Düşmana tek başına saldıran	*İl Aldı, İl Basmış, İl Katmış, İl Basar, İl Urmuş*	İl (ülke) almış, fethetmiş anlamlarında

Ergonomik çadırlar/ Kullanışlı kerpiç-ahşap evler

Aileler yaylakta iken ortasında ateş yakmak için bir bölüm olan, dumanın çıkması için tepesi delik bırakılan ***"kara ev"*** denilen doğuya açılan tek kapılı, konik keçe çadırlarda yaşardı. *Türk inanışına göre gök kubbe devletin, çadır ise ailenin örtüsüydü.* Bu çadırlar oldukça ergonomikti, sağlamdı ve kolayca sökülüp takılabiliyordu. Altlarına tekerlek yerleştirilerek kolayca taşınabiliyordu. Doğal klima gibiydi; sıcağa ve soğuğa dayanıklıydı. Çadırların renkleri içinde oturanın sosyo/ekonomik düzeyi hakkında bilgi verirdi. Çadırın zeminine kilim, halı veya hayvan postları seriliyor, bir bölme mutfak olarak ayrılıyor; deri tulumlar, madenî ve ahşap kaplar, su ihtiyacı için ibrikler, yemek tasları buraya konuluyordu. Bir bölüm ise erzak torbalarına ayrılıyordu. *Tör* (başköşe) adı verilen diğer bölüm ise ailenin yaşlılarına ve misafirlerine ayrılırdı. Günümüzde misafir odası gibi... Çadırın tam ortasında bir ocak, onun üzerinde *sacayağı* yer alır, yemekler burada pişirilirdi. Kışlakta ise ahşap veya kerpiçten yapılmış evler tercih ediliyordu. Bu evlerde koltuk, masa, karyola, sandalye, dolap kullanılıyor hatta pencerelere perde takılıyordu. Türk çadırlarının ve evlerinin hemen yanında ***"çumuşluk"*** adı verilen hamam ve tuvalet kısmı yer alıyordu. Bu durum Türklerin ulaştığı uygarlık seviyesinin güzel bir göstergesidir.

Biliyor muydunuz?
Orta Asya'da yapılan arkeolojik kazılarda Hun Türklerine ait 609 adet yerleşim yeri bulunduğunu biliyor muydunuz?

Düğünümüze sizleri de bekleriz

Evlenecek olan oğul ya da kıza aileden ayrılmadan önce hakkı olan verilir ve evli çiftler ***"ak ev"*** adı verilen ayrı bir çadırda yaşamaya başlardı. Evlilik için akraba olmayan

kişiler ve tek eş tercih edilirdi. Evin en küçük oğlu evden ayrılmaz, evlenince de aynı evde yaşamaya devam eder; anne ve babası yaşlanınca bakar ve evin bacasını tüttürürdü yani anne ve babasının hatırasını devam ettirirdi. Ne kadar ince bir davranış...

Güçlü bir toplum yapısı

Eski Türk toplumunun sosyal yapısı; **oguş (aile), urug (aileler birliği), boy (ok), budun (millet) ve il (devlet)** şeklinde sıralanmıştır. Bu unsurlar arasındaki bağlılık, sosyal dayanışma ve canlılık çok güçlü olmuştur. Türkçemizde 190'dan fazla *"yardımlaşma ve dayanışma"* ile ilgili, yine aynı şekilde *"aile/akrabalık"* ile ilgili onlarca kelime olması bize bunu kanıtlar. Bu kelimelere örnek olarak şunları sayabiliriz; *içi-ini* (kayın), *singil* (elti), *baldız, eti* (yeğen), *eçi* (amca), *kükü* (hala), *tagay* (dayı), *teze* (teyze), *yenğge* (yenge)... Türkler dünyanın birçok yerine göç etmelerine rağmen **aileye, akrabalığa, sosyal dayanışmaya, birlik ve beraberliğe verdikleri önem sayesinde** varlıklarını korumuşlardır. Günümüzde bu anlayış devam ettirilmektedir. Şimdi anne ve babanıza sarılabilirsiniz.

İlk Türk Devletlerinde aile üyelerine verilen isimler şunlardır;

Eke: Abla
Kız: Kız
Ogıl: Oğul, evlat
Kang: Baba
Ög: Anne
Sinil: Kız kardeş

Biliyor muydunuz?
Günümüzde annesini kaybedenler için kullanılan "öksüz" [ög-süz] kelimesinin o zamandan kaldığını biliyor muydunuz?

Herkes eşit

Türklerde sosyal sınıf farklarına rastlanılmamış, herkes eşit haklara sahip olmuştur. Ayrıcalıklı bir grup görülmemiştir. Sosyal dayanışma çok güçlü olmuştur. Halk ülkesine bağlılık göstermiş, vergisini ödemiş, gerektiğinde orduya katılıp ülke savunmasına katkı sağlamıştır. İlk Türk devletlerinde çalışkan, zeki ve deneyimli olan herkes ödüllendirilmiş, kariyer yapabilmiş, gerek askeri gerekse devlet kademelerinde kendilerine görev verilmiştir. Halk kendisine ait sürülere ve topraklara sahip olmuştur. Özel mülkiyet anlayışı gelişmiştir.

Festival, şenlik ve kutlamalar

İlk Türk devletlerinde şenliklerin ayrı bir önemi vardı. Bunlar arasında en önemlisi baharın gelişinin kutlandığı, Türklerin ay başlangıcı olarak belirledikleri, *"yeni gün"* anlamına gelen Nevruz Bayramının ayrı bir yeri vardı. Çok çetin geçen kış mevsiminin sona ermesi, baharın gelmesi, doğanın renklenip canlanması; yaylağa çıkacak olmanın heyecanı, Türklere büyük coşku ve mutluluk verirdi. Nevruz'da çiçeklerle süslenen, çıralarla aydınlatılan meydanlarda şarkılar söylenir, ziyafet verilir, kımız içilir, at yarışları düzenlenir, kötü ruhları kovmak için ateşin üzerinden atlanırdı. Özellikle genç kızlar ***"ayak topu"*** adı verilen *tepük* oynar;

sabahlara kadar süren eğlenceler düzenlenirdi. Aynı şekilde Gök Tanrı'ya kurban kesmek için düzenlenen bayramlara özel önem verilirdi.

Beslenme saati

Türkler; "Master Chef Orta Asya" olarak yemeklerini "kızartma", "kavurma", "güneşte pişirme" ve "haşlama" teknikleriyle pişiriyorlardı. Temel besin maddesi, tahmin edeceğiniz üzere etti. Eti hem taze olarak günlük olarak kebap/kavurma olarak veya yahni yemeği yaparak tüketiyor hem de tuzlayarak konserve olarak stokluyorlardı. **Bu yöntemi yani konserve yapmayı tüm dünya Türklerden öğrenmiştir.** Türkler ayrıca baharat kattıkları etlerden sucuk ve pastırma yapıp yiyorlardı. Süt ürünleri zaten vazgeçilmezlerdendi. Türklerin menülerinde süt ürünlerinden yoğurt, yoğurdun kurutularak elde edildiği ***"kurut"*** adı verilen peynirler geniş yer kaplıyor, kalsiyum şöleni yaşayan Türkler bu sayede dayanıklı bedenlere sahip oluyorlardı. Öte yandan yoğurt vücuda giren mikropları öldürdüğü gibi yaşlılık sürecinde kemik erimesini önlüyordu. Süpermiş değil mi? O zaman ne yapıyoruz? Annemizin mayaladığı ev yoğurdundan mutlaka tüketiyoruz.

Hamur işi...

Türkler elbette sadece et ve süt ürünleri tüketmiyorlardı. Hamur işi yiyecekler de seçenekler arasındaydı. En başta ocaklarda bazlama ve gözleme pişiriliyordu. En meşhur hamur işi yemek ise sulu mantıya benzetebileceğimiz ***"tutmaç"*** idi. İsmi dikkatinizi çekmiştir. "Tutma" ve "aç" kelimelerinden oluşan bu yemeğin adı *aç tutmayan,* yani *daim tok tutan* anlamına geliyordu. Sindirimi oldukça zor olan sağlıklı ve doyurucu bu besinden Kaşgarlı Mahmut, *"ilk Türkçe sözlük"* kabul edilen **Dîvânü Lugâti't-Türk** adlı eserinde şöyle bahsetmiştir: "***İnsan vücudunu kuvvetlendirir. Ayrıca bu yemeği yiyenin yüzüne kan gelir.***" Bir ses duyar gibiyiz: *"Anne akşam yemeğinde tutmaç yapar mısın?"*

Türklerin enerji içeceği: Kımız

Şimdi gelelim Türklerin milli içeceğine... İsmini duymuş olmanız muhtemel: ***Kımız...*** Kımız, kısrak sütünden imal ediliyordu. Sağılan taze süt önce deriden yapılan tulumlarda biriktiriliyor, üzerine *"kor"* adı verilen maya ekleniyordu. Ardından tulumun ağzı hava almayacak şekilde kapatılıyordu. Ara sıra çalkalanan sıvı yaklaşık 15-20 gün içinde kımıza dönüşüyordu. Tadı ekşi ayrana benziyordu. Litresinde 450 kalori vardı. Enerji ve vitamin deposuydu. Mideyi koruyordu. Türkler, kımızı kendileri tükettiği gibi misafirlerine de bolca ikram ediyorlardı. Herkes kendi kımızını ürettiği için kımız kafeler yoktu.

Biliyor muydunuz?
*Yoğurdun tüm dünyaya Türkler tarafından öğretildiğini ve **"yoğurt"** kelimesinin dünya dillerine aynı isimle girdiğini biliyor muydunuz?*

Her gün bir porsiyon meyve ve sebze iyi gelir

Türkler birçok sebze ve meyveyi biliyor, yetiştiriyor ve tüketiyorlardı. En çok tercih ettikleri sebze ise bugün sofraya geldiğinde bazılarımızın burun kıvırdığı, oysa oldukça besleyici bir sebze olan *kabak*tı. Bunun dışında patlıcan, pancar, salatalık, biber, şalgam ve turp tercihleri arasındaydı. Ayrıca üzüm, elma, şeftali, erik, ceviz, kayısı, kavun, karpuz, armut, ayva da lezzetine başvurdukları meyvelerdendi.

Orta Asya modası

İlk Türk devletlerinde elbiseye ***"ton [don]"*** adı veriliyordu. Kıyafetler soğuğa dayanaklı, rahat hareket etmeye uygun olarak dikiliyordu. Elbiselerde en çok tercih edilen renkler sarı ve kırmızıydı. Galatasaray taraftarı kıymetli okurlarımız gülümsüyor mu ne? Kadın ve erkeklerin kıyafetleri hemen hemen birbirine yakındı. At üzerinde rahat hareket edebilmek için ideal kıyafetler deri veya kumaştan yapılmış vücuda tam oturan ceket, pantolon ve çizmeydi. En çok bunlar tercih ediliyordu. ***Ceket ve pantolon, Türklerin dünya modasına bir hediyesiydi.*** Elbiseler günümüzde olduğu gibi, ütülenerek giyilirdi. Başlık olarak ***börk*** adı verilen başlıklar tercih edilirdi. Vücudun üst kısmında gömlek ön planda olurdu. Kemer mutlaka takılır, kış aylarında ise ***"dizlik"*** adı verilen çoraplar ayakları; ***"eliglik"*** adı verilen eldivenler ise elleri sıcacık tutardı. Ayaklara ise ***"çarık"*** veya ***"başmak"*** adı verilen deri ayakkabılar eşlik ederdi. İklim şartlarına bağlı olarak palto benzeri üstlükler, eller için eldivenler de sık kullanılırdı.

Terlerin silinmesi ve kurulanma için mendil vazgeçilmez bir aksesuardı. ***"Yiçi"*** adı verilen terziler kıyafet, ***"etükçi"*** adı verilen ayakkabıcılar çizme üretirdi. Bununla birlikte her ev bir atölyeydi ve her aile elbisesini, ayakkabısını kendisi de imal ederdi. Dikiş için kemikten iğneler kullanılırdı. Kadınlar ise küpe, gerdanlık, bilezik, boncuk gibi takıları tercih ediyor, yanlarından ayna ve tarağı eksik etmiyorlardı. Yaylaya çıkma zamanı en güzel kıyafetler giyilir, yol boyunca şarkı söylenirdi. Türk modası Bizans'ı bile etkilemişti. Nasıl mı? Bölgedeki denize de ismini veren Türk devletlerinden biri olan Hazarların Prensesi *Çiçek*, Bizans sarayına gelin gittiğinde elbisesi *Çiçekion* adıyla moda olmuştu.

Türkiye 1. Tepük Ligi'ne Hoşgeldiniz...

"Yok canım daha neler? Orta Asya Olimpiyatlarından bahsetmeyeceksin herhalde yazar ağabey?" dediğinizi duyar gibiyim. İlk Türk devletleri için sporlar askeri faaliyetlerin hazırlığı şeklindeydi ve erkek-kadın, yaşlı-genç herkesin katıldığı organizasyonlardı. Bu faaliyetler arasında okçuluk, at yarışları, gülle atma ve güreş en yoğun etkinlikler arasındaydı. Hatta şaşırtıcı ama bugün oldukça yaygın olan hatta başka milletlerin değiştirerek aldığı iki spor ilk kez Orta Asya'da Türkler tarafından oynanmıştır. Şimdi bu sporlardan bazılarından bahsedip, özellikleri hakkında bilgi sahibi olalım.

Tepük	Günümüzdeki futbola çok benzeyen bu oyun Orta Asya'da sıklıkla çocuklar tarafından oynanmıştır. Kâşgarlı Mahmud Dîvânu Lugâti't-Türk'te bu oyunu şöyle anlatır: ***"Kurşun eritilerek oval şekilde kalıplara dökülür ve bu kurşunların üzeri keçi kılı veya keçe gibi malzemelerle sarılır. Elde edilen bu büyükçe top ayakla teperek oynanır."***
Çevgan	İngilizlerin Türklerden alarak dünyaya "polo" olarak tanıttığı bu oyun, altışar veya dörder kişilik iki grup hâlinde, at üzerinde ve ***"çöğen"*** denilen ucu eğri bir değnekle oynanır. Oyunun amacı düz bir arazide topu beklenilen hedefe ulaştırmaktır.
Güreş	Ata sporumuz olan güreş Orta Asya'dan beri en sık yapılan spordur. Güreş; yiğitliği, kahramanlığı simgeler. Atalarımız güreşe o kadar önem veriyordu ki her Türk boyunun bir *başpehlivanı* bulunuyordu ve kadınlar da en az erkekler kadar güreşiyordu.
Cirit	At üzerinde iki takım hâlinde oynanan cirit, ismini oynandığı yaklaşık bir metrelik sopadan alır. İki takım aralarında iki yüz metre olacak şekilde dizilir. Hakemin başlama işaretiyle birlikte oyunculardan biri atını karşı takıma doğru sürer, ona meydan okur ve oyun başlar. Oyun sırasında oyuncular ellerindeki sopayı rakibe isabet ettirmeye çalışır, ata cirit fırlatmak ise yasaktır.

Gökbörü	Türklerin en eski milli sporlarından biri olan "gökbörü" bir anlamda mücadele yeteneği kazandıran, savaş öncesi antrenman diyebileceğimiz bir oyundur. İçine saman doldurulmuş bir oğlak derisi ile at üzerinde iki takım arasında oynanır. Oyunun oynandığı sahanın ortasına "halhal" ve "adalet çemberi" adı verilen geniş bir daire çizilir. Atlı oyuncular bu dairenin etrafına dizilir. Oyunun amacı bu oğlak derisi ile adalet etrafının çevresini olabildiğince tur atmaktır. Her tur 1 puan ile değerlendirilir. Kaynaklarda "Gökbörü Süper Ligi" olduğuna dair bir kayda rastlayamadık.
Mangala	Okullarımızda seçmeli "Zekâ Oyunları" dersi kapsamında öğretilen mangala en güzel akıl oyunlarından birisidir. Orta Asya'dan bu yana binlerce yıldır iki kişi ile; üzerinde 12 kuyu, her oyuncunun kazandığı taşları toplayacağı iki büyük kuyu bulunan bir zemin üzerinde 48 taşla oynanır. Taşlar, her kuyuya 4'er adet gelmek üzere dağıtılır. Oyuncular kendi kuyularında olabildiğince taş toplamaya çalışır. Beş set sonunda en fazla taşı biriktiren oyunu kazanır.
Kayak	Orta Asya'nın kış boyunca kalın bir kar tabakası ile kaplı olması kayak yapmak için oldukça uygun koşullar oluşturmuştur. Hun çocukları kartopu oynamış, kardan adam yapmışlar mıdır bilmiyoruz ama bildiğimiz bir şey var ki o da Hunlar ve Uygurlar kayak sporunda çok iyilerdi. Dizlerinin altına özel bir aksesuar takarak karın üzerinde keyifle yol alıyorlardı. Teleferik mi? Yok, o kadar da değil...

G) HUKUK

Yazısız kurallar: Töre

İlk Türk Devletlerinde toplumsal hayatı düzenleyen ***"töre"*** adı verilen yazılı olmayan ama herkes tarafından bilinen ve titizlikle uyulan kurallar vardı. Kök Türk Yazıtlarında 11 yerde "töre" ifadesi geçmektedir. Bu ifadelerden bazıları şöyledir: *"Devleti ellerine alıp töreyi tesis ettiler...", "Ey Türk bodunu devletini, töreni kim bozabilir?", "Kazandığımız devlet ve töremiz böyle idi.", "...devletin töresini terk etmiş...", "Töre gereğince amcam tahta oturdu."* Töre; kurultay tarafından belirlenir, şartlara bağlı olarak zaman içerisinde oluşur ve nesilden nesle **"sözlü"** olarak aktarılırdı. Dinamik bir yapıya sahip olan töre kuralları zamana göre güncellenir, çağa ayak uyduran ilkeler, kurallar, prensipler ülke içerisinde güveni tesis ederdi. Zaman içerisinde töre kuralları değişse de şu dört ilke asla değişmezdi ve törenin özünü oluştururdu: ***Adalet, iyilik, eşitlik, insanlık...*** Töreye kağan dâhil herkes uymak zorundaydı. Uymayanlar cezalandırılır, toplum tarafından ayıplanır, dışlanırdı. Töreye göre ağır suç işleyenler örneğin savaş dışında birine kılıç çekenler, askerden kaçanlar, hırsızlık yapanlar, hayvan kaçıranlar, adam öldürenler ve devlete karşı isyan edenler idam edilirdi. Yalan söylemek, sahtekârlık yapmak, af dileyene el kaldırmak gibi hafif suçlara ise *"yüz çizme"* cezası verilirdi. Göçebe yaşamdan dolayı hapis cezaları kısa süreli yerine getirilirdi. Cezaların ağır olması caydırıcılık sağlar, suç oranlarını ciddi oranda düşürür, asayişi temin ederdi. Öyle ki mahkûmların sayısı birkaç kişiyi geçmezdi. Mahkemelere ***"yargu"*** ismi verilir ve verilen cezalar *on gün içinde* uygulanırdı.

Suç işlenmeyen bir toplum

Sosyal devlet anlayışının bir sonucu olarak devlet halkın her türlü ihtiyacını karşılıyor, onların huzur içinde yaşaması için gereken tüm tedbirleri alıyordu. Toplumda yoksul insan sayısı yok denenecek kadar azdı. Bir Çin kaynağında yer alan şu ifadeler bu konuda oldukça çarpıcıdır: ***"Türklerde yukarıdakiler (yöneticiler), aşağıdakilere (halka) iyilikle davranıyorlar. Aşağıdakiler de yukarıdakilere bağlılıkla hizmet ediyorlar. Bir ülkeyi idare etmek, bir vücudu idare etmek gibi olduğu için ülkenin nasıl idare edildiği hissedilmiyor. Çin'de üsttekiler, alttakiler birbirlerinden nefret ediyorlar. Türklerde ayrıntılı kurallar yok, ama devletin idaresi bir insanın vücudu gibi çalışıyor. Her şey birbirine bağlı düzen içinde gerçekleşiyor."***

Uygurların yerleşik yaşama geçmeleri neticesinde bireylerin birbirileriyle ve devletle ilişkilerini düzenleyen çok zengin bir hukuk sistemi oluşmuştu. *Kira, mal edinme, satış sözleşmesi, eşyayı kiraya verme, vasiyet, ipotek, senet ve evlat edinme vb.* gibi birçok konuda hukuki metinleri bulunuyordu.

TÜRK'ÜN KANADI: AT

Kaşgarlı Mahmut'un ünlü eseri Divan-ı Lügatit Türk'te ***"Türk'ün kanadıdır"*** dediği at için ayrı bir bölüm açtık. Şimdi Türkler için vazgeçilmez olan atlar hakkında genel kültürümüze yeni bilgiler katma zamanı... Şunu hemen belirtelim ki atı bir savaş aracı ve binit (Binilecek hayvan) olarak ilk kullanan Türklerdir. Çinliler başta olmak üzere Avrupalı milletler ata binmeyi Türklerden öğrenmişlerdir. Türklerin iyi savaşçı olmaları, güçlü, hızlı, manevra kabiliyeti yüksek ordular kurmaları, geniş coğrafyalara yayılmaları, göç etmeleri hep atlar sayesinde olmuştur. Türkleri atlarından bağımsız düşünmek neredeyse imkânsızdır. Hayatlarının büyük kısmı at üzerinde geçen Türkler; Çinlilerin gözlemleriyle *"ata yapışık"* gezerler, at sırtında alışveriş yapar, yer-içer, sohbet eder, hatta uyurlardı. Günümüzde evlerin önüne park edilmiş otomobiller gibi Orta Asya'da her göçebe çadırının önünde binmeye her zaman hazır iki at dururdu. Sefere veya yolcuğa giderken birlikte mutlaka yedek at taşınır, atlara dönüşümlü olarak binilir, hayvan haklarına riayet edilir;

atlar fazla yorulmaz, yemleri ve suları eksik edilmezdi. *Atalarımızın hayvanseverliği gördüğünüz gibi takdire şayandı.*

EĞLENCELİ TARİH-ORTA ASYA TÜRKMEN ATLARI İÇİN SINIFLANDIRMA REHBERİ			
Kulun	***Tay***	***Kısrak***	***At/Aygır***
Bir yaşına kadar olan at yavrusu.	Bir-iki yaşına ulaşmış at yavrusu.	Üç yaşına ulaşmış dişi at.	Üç yaşına ulaşmış erkek at.

Binicilik eğitimi

3-4 yaşına gelen çocuklar ata binmeyi öğrenir, onlar için özel eyerler yapılırdı.

Vadiler dolusu at

Dönem kaynaklarından öğrendiğimize göre Türklerin vadiler dolusu atı bulunuyordu. Kök Türk Yazıtları'ndan öğrendiğimize göre sadece Kültigin'in bile 4000 atı vardı. Türkler, farklı renklerde ve özelliklerde atlar yetiştiriyorlardı. Ve bu atlara yürüyüş biçimlerine, koşma özelliklerine, taşıdıkları beneklere ve vücut biçimlerine göre isimler veriyorlardı. Birkaç tanesini öğrenmek ister misiniz? *Yağız at, boz at, kır at, ak at, tığ at, taz at, çından at, tış at, kaşga at, bögrül at, boymıl at, bulak at, ketki at, kızgul at vb...*

Bu kadar atın karışmaması için de her aile kendi atına özel bir plaka takmıyor elbette ama damga kullanıyordu. Atlar başta Çin olmak üzere diğer ülkelere satılıyor, karşılığında ise gıda maddeleri alınıyordu.

Türk atlarının özellikleri

Türk atları birçok özelliği ile diğer atlardan ayrılırdı. Ufak yapılı, orta boylu ve geniş alınlıydı. Küçük ve narin başlıydı. Ağzı çok hassas, yumuşak; gözleri etkili ve parlak, kulakları küçüktü. Bu atlar "dörtnala" koşuyordu. Orta Asya'nın aşırı soğuklarına, sıcaklarına, yağmuruna, rüzgârına karşı oldukça dayanıklı “full” donanımlıydı. Mesela, Çin yıllıkları Mete Han’ın özel atının günde 500 kilometre koşabildiğini yazmıştır; bu bir atın bir günde İstanbul’dan Ankara’ya ulaşması demektir ki; rekordur! Ayakta uyuyan *(bunu biliyordunuz değil mi?)*, çok az yatan ve dörtnala koşan bu Türk atları en çok ihraç edilen ürünler arasındaydı. Çinliler at başına 40 top ipek gibi yüksek bir ödeme yapıyorlardı.

Atın özel eğitimi

Eğitim çağına ulaşan taylar seçiliyor, sürüden ayrılıyor ve bir eğitime tabi tutuluyordu. Bu eğitim kapsamında önce bir atın yedeğinde gezdiriliyor, ardından üzerine bir çocuk bindirilerek yavaş yavaş biniciye alıştırılıyor bol bol egzersiz yaptırılıyordu. Sonrası iki yıl boyunca durmaya, sağa, sola ve geriye dönmeye, çevresindeki gürültülerden etkilenmemeye, yokuş tırmanmaya ve inmeye vb. alanlarda at alıştırılıyordu. Arpalarla özel olarak beslenen atların sağlığına da oldukça dikkat ediliyor, "tımar" adı verilen işlemle bol köpüklü bir banyo yaptırılıyor, yıkanıp taranıyor, hatta zinde kalması için bazen kanları bile alınıyordu. Atların ömrü ortalama 30 yıldı. Bir ata yaklaşık 7-8 yıl binildikten sonrasında artık yük taşıma amacıyla kullanılıyordu. Türkler ayrıca ilkbahar ve sonbahar aylarında at yarışları düzenliyorlardı.

Biliyor muydunuz?

Ata binmek için kullanılan araç ve gereçlere ***koşum takımı*** *adı verildiğini, bunlar arasında atın ağzına takılan ve ata yön vermede kullanılan ve bir çeşit direksiyon işlevi gören* ***gem*** *ve ona bağlı* ***yular****, ata binerken kullanılan aynı zamanda binicinin dengede kalmasını sağlayan* ***üzengi*** *ve atın üzerine oturmayı kolaylaştıran* ***eyer*** *bulunduğunu biliyor muydunuz?*

SON SÖZ

Ve bitti. Elbette biten kitap... Atalarımızın maceraları Orta Asya dışında yepyeni coğrafyalarda devam etti. **Böyle zengin bir tarihe, kahramanlara, kültüre sahip olduğumuz için çok şanslıyız. Değerini bilelim, öğrenelim, onlara layık olalım. Geçmişten ders alalım, geleceğe yön verelim, ülkemizi koşulsuz, sınırsız sevelim. Atalarımıza layık olmak için çok çalışalım.** Bir sonraki Eğlenceli Tarih kitabında buluşmak üzere hepinize bol tarihli günler diliyoruz. Hepinizi çok seviyoruz.

AAA... KİTAP NE ÇABUK BİTTİ...

KRONOLOJİ

M.Ö. 220	Asya Hun Devleti'nin kurulması
216	Asya Hun Devleti'nin yıkılması
370	Avrupa Hun Devleti'nin kurulması
375	Kavimler Göçü
496	Avrupa Hun Devleti'nin yıkılması
552	I.Kök Türk Devleti'nin kurulması
630	I.Kök Türk Devleti'nin yıkılması
682	II.Kök Türk Devleti'nin kurulması
742	II.Kök Türk Devleti'nin yıkılması
744	Uygur Devleti'nin kurulması
840	Uygur Devleti'nin yıkılması

KAYNAKÇA

- Ahmetbeyoğlu, Ali, **Sorularla Eski Türk Tarihi,** Yeditepe Yayınları, İstanbul, 2019.
- Alkan, Cihan, **Türkistan Tarihi ve Medeniyeti**, Kamer Yayınları, İstanbul, 2017.
- Çandarlıoğlu, Gülçin, **İslam Öncesi Türk Tarihi ve Kültürü**, Türk Dünyası Araştırmaları Vakfı, İstanbul, 2003.
- Diyarbekirli, Nejat, **Hun Sanatı,** MEB Yayınları, İstanbul, 1972.
- Eberhard, Wolfram, **Çin Tarihi,** Türk Tarih Kurumu Yayınları, Ankara, 2017.
- Ergin, Muharrem, **Orhun Abideleri,** Boğaziçi Yayınları, İstanbul, 1997.
- Gömeç, Sadettin, **Türk Destanlarına Giriş**, Akçağ Yayınları, Ankara, 2009.
- Gömeç, Sadettin, **Türk Kültürünün Ana Hatları**, Akçağ Yayınları, Ankara, 2006.
- Gömeç, Sadettin, **Uygur Türkleri Tarihi**, Berikan Yayınevi, Ankara, 2006.

- Hoppal, Mihaly, **Şamanlar ve Semboller**, Yapı Kredi Yayınları, İstanbul, 2016.
- İnan, Abdülkadir, **Tarihte ve Bugün Şamanizm Materyaller ve Araştırmalar**, Türk Tarih Kurumu Yayınları, Ankara, 2017.
- İzgi, Özkan, **Çin Elçisi Wang Yen-Te'nin Uygur Seyahatnamesi**, Türk Tarih Kurumu Yayınları, Ankara, 1989.
- İzgi, Özkan, **Orta Asya Türk Tarihi Araştırmaları**, Türk Tarih Kurumu Yayınları, Ankara, 2017.
- Kafesoğlu, İbrahim, **Türk Milli Kültürü**, Ötüken Yayınevi, İstanbul, 1997.
- Kaşgarlı Mahmut, **Divan-ü Lügati't Türk**, Kabalcı Yayınevi, İstanbul, 2007.
- Kılıçkan, Hüseyin, **Orta Asya'dan Anadolu'ya Türk Bezeme Sanatı ve Örnekleri**, İnkılap Yayınları, İstanbul, 2004.
- Koca, Salim, **Türk Kültürünün Temelleri**, Berikan Yayınevi, Ankara, 2019.
- Ögel, Bahaeddin, **İslamiyet'ten Önce Türk Kültür Tarihi**, Türk Tarih Kurumu Yayınları, Ankara, 2014.
- Ögel, Bahaeddin, **Türk Kültürünün Gelişme Çağları**, Türk Dünyası Araştırmaları Vakfı, İstanbul, 1988.
- Ögel, Bahaeddin, **Büyük Hun İmparatorluğu Tarihi**, Türk Tarih Kurumu Yayınları, Ankara, 2019.

- Ögel, Bahaeddin, **Türk Mitolojisi**, Türk Tarih Kurumu Yayınları, Ankara, 2014.
- Öngel, Hasan Basri, **Türk Kültür Tarihinde Spor**, Kültür Bakanlığı Yayınları, Ankara, 2001.
- Öztürk, Cemil, **Türk Tarihi ve Kültürü**, Pagema Yayıncılık, Ankara, 2005.
- Özdamarlar, Metin, **İpek Yolu'nda Türkler**, Genç Timaş Yayınları, İstanbul, 2018.
- Özdamarlar, Metin, **Destan Yazanlar**, Genç Timaş Yayınları, İstanbul, 2018.
- Roux, Jean Paul, **Türklerin Tarihi**, Kabalcı Yayıncılık, İstanbul, 2007.
- Sümer, Faruk, **Eski Türklerde Şehircilik**, Türk Tarih Kurumu Yayınları, Ankara, 2019
- Şeşen, Ramazan, **İbn Fadlan Seyahatnamesi**, Yeditepe Yayınevi, İstanbul, 2016.
- Şeşen, Ramazan, **İslam Coğrafyacılarına Göre Türkler ve Türk Ülkeleri**, Türk Tarih Kurumu Yayınları, Ankara, 2001.
- Kurtoğlu, Yasemin, **Eski Orta Asya Türk Devletleri'nde Aile**, Türk Tarih Kurumu Yayınları, Ankara, 2019.
- Tekin, Talât, **Orhon Yazıtları**, Türk Dil Kurumu Yayınları, Ankara, 2010.

- Taşağıl, Ahmet, **Kök Tengri'nin Çocukları**, Bilge Kültür Sanat Yayınları, İstanbul, 2018.
- Taşağıl, Ahmet, **Gök-Türkler**, Türk Tarih Kurumu Yayınları, Ankara, 2019
- Taşağıl, Ahmet, **Bozkırın Kağanlıkları**, Kronik Kitap, İstanbul, 2018.
- Turan, Osman, **Türk Cihân Hâkimiyeti Mefkûresi Tarihi**, Nakışlar Yayınevi, İstanbul, 1978.
- Vural, Fehime Göher, **İslamiyet'ten Önce Türklerde Kültür ve Müzik**, Ötüken Yayınları, İstanbul, 2019.